MOSKAU: METROPOLE IM AUFBRUCH

Liebe Leserin, lieber Leser,

die roten Sterne auf den Türmen der Kreml-Mauer leuchten nachts immer noch wie zu Sowjetzeiten. Aber das ist auch fast das einzige, was in Russlands Hauptstadt beim Alten geblieben ist. Seit der Wende hat sich Moskau verwandelt: von der leidgeprüften Hauptstadt des Pleitestaats in eine flirrende Weltstadt mit Nachholbedarf an Spaß

und neuen Ideen. Auf Straßen, die früher einsam im Dunkeln lagen, tummeln sich heute Flaneure, Cafés schießen aus dem Boden, die Clubszene gehört zu den lebendigsten der Welt.

Moskau ist eine Metropole in der Pubertät, eine Stadt, die alles will, ganz schnell, und sich nicht um das schert, was gestern noch war. Die Babuschkas, die in der Metro Maiglöckchen verkaufen, passen nicht zu den Kunden der Edelboutiquen, deren Bodyguards im schwarzen Mercedes warten. In der Neun-Millionen-Stadt existieren verschiedene Welten nebeneinander. Sie werden Ihr eigenes Moskau daraus zusammenfügen, wenn Sie die Stadt kennen lernen.

Ganz anders als das elegante St. Petersburg präsentiert sich Moskau monumental, geprägt vom mächtigen Kreml, Stalins Wolkenkratzern und zehnspurigen Straßen. Früher wollte die Staatsdoktrin, dass der Einzelne sich klein fühlt vor steinernen Trutzburgen und der Macht des Systems. Heute ist Moskau eine Metropole, die einlädt, ihre Größe neu zu entdecken. Viel Spaß dabei mit diesem Heft.

Lesen Sie mit Lust!

Herzlich, Ihr

Andreas Hallaschka
MERIAN-Chefredakteur

INHALT

WAHRZEICHEN für ganz Russland. Die Basiliuskathedrale wurde für das Titelbild durch das Auferstehungstor fotografiert

EIS UND SCHNEE an bloßen Füßen: Letzte Vorbereitung auf den Sprung ins kalte Wasser Seite 60

DER GLAUBE steht seit der Wende hoch im Kurs. Unter Patriarch Alexij II. festigt die orthodoxe Kirche ihre Macht und segnet, was dem Staat gefällt Seite 84

MONUMENTE einer vergangenen Epoche: Das russische Außenministerium hat seinen Sitz in einem der sieben gigantischen Hochhäuser Stalins Seite 18

MODE bestimmt das Geschäft. In Moskaus neuer kreativer Elite zählen Eigensinn, Witz und Erfolg Seite 36

WLADIMIR KAMINER nimmt die rauen Sitten seiner Heimat in Schutz. „Wir Moskauer", sagt er, „sind zu sensibel für oberflächlich freundliche Gesten" Seite 50

ELEGANZ unter der Erde: Metro-Stationen wie der Bahnhof Nowoslobodskaja sind perfekte Treffpunkte für ein romantisches Tête-à-Tête Seite 42

RUBRIKEN

MERIAN-SERVICE
Adressen, Tipps und Karten

Auch im kleinster

)etail Stil zeigen.
Außergewöhnlich für einen Menschen.

JUNG v. MATT/Alster

BMW online Mailbox
Posteingang
eMail schreiben
Startseite
Keine neuen eMails
MÜNCHEN
912 km
19.12.2002 13:37
Einzigartig für eine Limousine.
Der BMW 7er. Ein großzügiges Interieur mit mehr Übersicht und Bedienkomfort. Edle Holzflächen aus Esche oder Kirsche. Von innen belüftete Ledersitze (optional) für höchsten Reisekomfort und eine Sprachsteuerung für Radio, CD-Player und Telefon. Fahrfreude bis ins kleinste Detail.
BMW 7er
www.bmw.de
0180 2000 220
(6 Ct./Anruf)
Freude am Fahren

3 TAGE IN MOSKAU

In drei Tagen die russische Hauptstadt entdecken? Bei guter Kondition ist das genug Zeit, um die wichtigsten Sehenswürdigkeiten und ein paar Extras abseits der touristischen Pfade zu sehen

Billard auf dem Platz der Manege wäre vor der Wende undenkbar gewesen. Hinter dem Tor auf dem Roten Platz war schon Rauchen verboten

>1. Tag

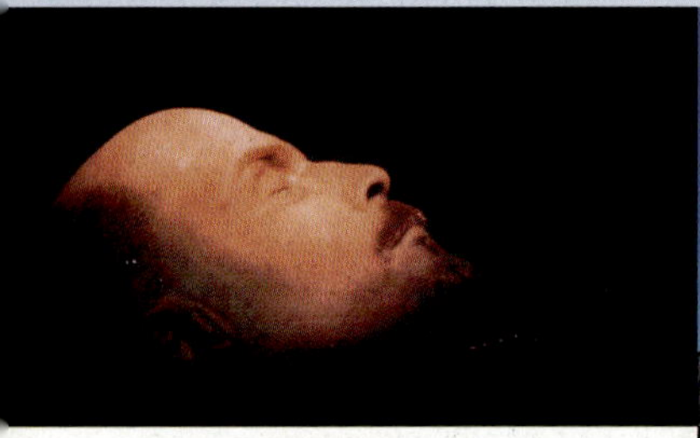

Totenruhe hinter Glas: Lenins Leichnam wird seit fast 80 Jahren konserviert und ausgestellt

Im Geheimdienst-Bau am Lubjanka-Platz zeigt das KGB-Museum schöngefärbte Geschichte

MERIAN-TIPPS

→ **Gute Stadtführungen** auf Englisch veranstaltet **Patriarshy Dom Tours.** Angeboten werden nicht nur Sightseeing-, sondern auch Stadtteiltouren und der Besuch von orthodoxen Messen. Programme liegen in Hotels aus. Kontakt vor Ort → **Tel. 795 09 27 oder www.russiatravel-pdtours.netfirms.com**

→ **Passkontrollen** können teuer werden. Wer länger als drei Tage in Moskau bleibt, braucht eine städtische Aufenthaltsgenehmigung, um die sich in der Regel das Hotel kümmert. Den Pass mit der *propiska* sollte man dabei haben. Sonst droht der Weg auf die Wache oder eine kostspielige Einigung.

9.00 Uhr – Moskaus Paradeplatz und ein Besuch bei Lenins Leiche Der Rote Platz steht als Symbol für ganz Russland, Lenin ruht im Granit-Mausoleum an der Kreml-Mauer. Warteschlangen gibt es kaum noch. *Krasnaja ploschtschad, Metro Ploschtschad Rewoluzii, siehe S. 112*

10.00 Uhr – Basiliuskathedrale Mit seinen bizarren Kuppeln ist der Bau aus dem 16. Jahrhundert architektonischer Höhepunkt der Stadt. Auch von innen zu besichtigen. *Krasnaja ploschtschad, Mo, Mi-So 10-17, (Dez-April 11-16) Uhr, Metro Ploschtschad Rewoljuzii*

10.30 Uhr – Russlands schönstes Kaufhaus Das GUM, einst wichtigstes russisches Warenhaus, ist heute Zentrum des Luxusshopping. *Krasnaja ploschtschad 3, Metro Ploschtschad Rewoljuzii*

12.00 Uhr – KGB-Museum Der Eingang ist bewacht, fotografieren streng verboten. Als Tscheka und KGB erlangte der russische Geheimdienst traurige Berühmtheit. Heute heißt die Behörde FSB und leidet unter Geldnot. Deshalb vermietet sie das Erdgeschoss an einen Supermarkt und führt Touristen in ihre „Demonstrationssäle“. Jurij Andropow gründete das Museum 1984, um junge Spione zu schulen. Zu sehen gibt's unter anderem verwanzte Äste, als Spazierstöcke getarnte Degen und vergiftete Kugelschreiber. *Lubjanka uliza 12/1, Metro Lubjanka, Besichtigung nur mit Führung, z.B. bei Patriarshy Dom Tours, siehe Tipp*

14.00 Uhr – Luxusmeile und Feinkosttempel Auf der Twerskaja reiht sich eine Nobelboutique an die andere. Beim Bummeln nicht versäumen: ein Besuch beim Feinkosthandel Jelissejew, wo schon die Hofdamen der Zaren ihre Einkäufe machten. Im Jugendstilambiente gibt's russische Spezialitäten und ein Wodkasortiment, das seinesgleichen sucht. *Jelissejew, Twerskaja ul. 14, Metro Twerskaja, Mo-Sa 8-21, So 10-19 Uhr*

15.00 Uhr – Kathedralen, Kuppeln und Kommunisten Rundgang im *Kreml, Metro Borowizkaja, siehe S. 112*

19.00 Uhr – Und jetzt ein heißes Bad *Banja Sanduny, Neglinnaja uliza 14, Metro Kusneszkij Most, siehe S. 120*

Ein Bild von einem Soldat. Der alte Arbat ist Moskaus Pendant zum Pariser Montmartre

Ein Haus für Musik und Tanz ist das Bolschoi-Theater seit 1780. Sein Ballett-Ensemble ist weltberühmt, was auch feiernde Bürger ab und an inspiriert

>2. Tag

Duftend süß oder deftig gefüllt: Frische Blini gibt's an jeder Ecke

MERIAN-TIPPS

➜ **Karten fürs Bolschoi** bieten die Restkartenverkäufer vor dem Theater an. Einfach eine oder zwei Stunden vor Beginn vorbeigehen. (Datum der Karte prüfen!) Das gleiche gilt für Theaterbillets. Reservierungen über das Hotel sind meistens wesentlich teurer.

➜ **Taxis** sind oft inkognito. Viele Autofahrer verdienen sich als Gelegenheitschauffeur etwas dazu und halten auf Handzeichen. Offizielle Taxis sind entsprechend rar, der Preis ist auch dort Verhandlungssache. Wichtig: ein paar russische Floskeln üben und nur einsteigen, wenn der Fahrer allein ist und man ein gutes Gefühl hat. Sonst die Metro nehmen.

9.00 Uhr – Bummel auf dem Arbat Hier stehen sie noch, die herrschaftlichen Villen, in denen im 19. Jahrhundert viele Künstler und der Moskauer Adel lebten. Heute gehört der Arbat den Straßenmalern, Musikern und den fliegenden Händlern mit ihren Matrjoschkas. Im Haus Nr. 53 hat Puschkin gewohnt, nach ihm zog der Komponist Tschaikowsky ein. Besonders sehenswert ist die Jugendstil-Villa, die Stalin in den 30er Jahren Maxim Gorkij zur Verfügung stellte. *Metro Arbatskaja. Gorkij-Wohnhaus, Malaja Nikitskaja ul. 6/2, Mi, Fr 12-19 Uhr, Do, Sa, So 10-17 Uhr*

11.30 Uhr Das Haus an der Moskwa Die Wohnungen mit Kreml-Blick kosten bis zu 10 000 Dollar im Monat. Die Adresse ist wieder gefragt. In den 30er Jahren wurde das „Haus am Ufer" mit Post, Bank, Läden, Kino und Kantine gebaut. Generäle, Funktionäre, linientreue Künstler und Wissenschaftler zogen in das „sowjetische Paradies", das nur knapp ein Jahr hielt. Während der stalinistischen Repression wurden über 600 Bewohner von hier abgeholt. Ihnen ist ein Museum gewidmet. *Bersenewskaja nab., Metro Kropotkinskaja. Museum an der Serafimowitscha ul., Tel. 959 03 17, Mi 17-20, Sa 14-17 Uhr*

12.00 Uhr – Auferstanden als Kopie Christi-Erlöser-Kathedrale, *Wolchonka ul., Metro Kropotkinskaja, siehe S. 70*

12.30 Uhr – Mittag bei „Mama Soja" Gute georgische Küche. *„Mama Soja", Setschenowskij per. 8, Tel. 201 77 43, Metro Kropotkinskaja, tgl. 11-23 Uhr*

13.30 Uhr – Kunst en masse Von alten Ikonen bis zu Chagall und Kandinsky: Russische Kunst aus neun Jahrhunderten in der *Tretjakow-Galerie, Lawruschinskij per. 2, Metro Tretjakowskaja, siehe S. 115*

16.30 Uhr – Kaffeestunde im Torten-Tempel Exklusivität auf drei Etagen: Wer oben sitzt, zahlt am meisten: *Café Puschkin, Twerskoj bulvard 26 a, Metro Puschkinskaja, siehe S. 109*

19.00 Uhr – Spitzen-Tanz Ein Abend im Bolschoi. Kartenverkauf siehe Tipp, *Bolschoi-Theater, Teatralnaja ploschtschad 1, Metro Teatralnaja, siehe S. 116*

22.00 Uhr – Pfannkuchen am Kiosk Gefüllte Blinis auf die Hand sind ideal für den kleinen Hunger am späten Abend: köstliche kleine Buchweizenpfannkuchen mit süßer Marmeladen- oder würziger Hackfleischfüllung. Besonders gut ist die Variante mit rotem Kaviar und Crème Smetana. Danach die fettigen Finger abschlecken und lächeln. Glück kann so einfach sein. *Blini-Buden gibt es an jeder Ecke. In der Nähe des Bolschoitheaters z.B. Twerskaja ul. 7. Metro Ochotnyj Rjad*

Prominent bestattet: Auf dem Nowodewitschij-Friedhof ruhen Russlands berühmteste Literaten und Komponisten

Glänzendes Relikt der Sowjetzeiten: der Brunnen der Völkerfreundschaft auf dem Allrussischen Ausstellungsgelände

>3.Tag

Mongolisch zum Selbermixen: Auf heißem Stein wird bei „Jolki-Palki" gegrillt, was der Gast kreiert

9.00 Uhr – Großer Bahnhof Durch unterirdische Paläste mit der Ringlinie, *z.B. ab Metro Komsomolskaja, siehe S. 42*

10.30 Uhr – Friedhof der Intelligenzija Hier liegen sie. In der zweiten Reihe. All die Berühmten, die nicht prominent genug für ein Grab an der Kremlmauer waren: Chruschtschow, Molotow und Stalins zweite Frau ruhen auf dem idyllischen Nowodewitschij-Friedhof, der 1898 für Persönlichkeiten aus Politik, Kultur und Wissenschaft angelegt wurde. Viele Grabsteine zeigen symbolisch, womit die Toten ihren Ruhm erworben haben: die Schriftsteller Gogol, Tschechow, Tolstoi und die Komponisten Prokofjew, Rubinstein und Schostakowitsch. Auch Raissa Gorbatschowa, die First Lady der Perestroika ruht hier, *Nowodewitschij Friedhof, Nowodewitschij pr. 1, Metro Sportiwnaja, tgl. 10-17 Uhr*

11.30 Uhr – Ab ins Kloster Das Neue Jungfrauen-Kloster neben dem Friedhof war einst ein Verbannungsort für adlige Damen, *Nowodewitschij pr. 1, Metro Sportiwnaja, siehe S. 115*

12.30 Uhr – Der Stolz der Sowjets Im Allrussischen Ausstellungszentrum (WWZ) präsentierte die UdSSR einst ihre Bestleistungen. In 72 stalinistischen Ausstellungspalästen wurde vom Stahlwalzwerk bis zum Stickmuster alles ausgestellt, was für den Fortschritt des Landes stand. Heute gibt's Autos, Handys und Kameras, aber auch Denkmäler aus alten Zeiten wie die monumentale Skulptur „Arbeiter und Kolchosbäuerin". *WWZ, Prospekt Mira, Metro WDNCh, tgl. 10-20 Uhr*

13.30 Uhr – Der Mitmach-Mongole *„Jolki-Palki"* sagen die Russen, wenn sie erschrecken. In den Restaurants der „Jolki-Palki"-Kette gibt's aber höchstens freudiges Staunen, denn gutes Essen wird zu günstigen Preisen im Folklore-Ambiente serviert. Im „Jolki-Palki po mongolski" kocht der Gast mit, indem er sein Mahl aus verschiedenen Fleischsorten, Gemüsen und Gewürzen selbst mischt und dann dem Mongolen am Grill übergibt. *Jolki-Palki po mongolski, Twerskaja ul. 18a, Tel. 200 39 20, Metro Twerskaja, tgl. 11-5 Uhr*

15.00 Uhr – Der Schatz von Troja und französische Impressionisten *Puschkin-Museum, Uliza Wolchonka 12, Metro Kropotkinskaja, siehe S.52*

19.30 Uhr – Deftiges für feine Geister Eine russische Mahlzeit ist herzhaft, gehaltvoll und ein Erlebnis: zumindest im Dom Literatorow, in dem zu Sowjetzeiten nur Schriftsteller essen durften. Tolstoi ließ einige Episoden von „Krieg und Frieden" in den holzgetäfelten Räumen spielen. *Dom Literatorow, Powarskaja ul. 50, Tel. 291 15 15, Metro Barrikadnaja, tgl. 12-0 Uhr*

Text: **Anja Haegele**

MERIAN-TIPPS

➜ **Trinksprüche** sollte jeder in petto haben, der mit Russen anstoßen will. Ein *na sdorowje* allerdings entlarvt den Laien. Eine korrekte Form heißt *wasche sdorowje*: „auf Ihre Gesundheit".

➜ **Garderobe** wird im Restaurant immer abgegeben. Wer das vergisst, riskiert, dass die Garderobenfrau erbost an den Tisch kommt.

➜ **Bei Einladungen** gehört ein Gastgeschenk zum guten Ton. Blumen immer in ungerader Anzahl, sonst gilt ein Strauß als Totengabe.

Philips DVD-Recorder DVDR 890

Gewinner Goldenes Lenkrad 2002

70 % Querneigung
+ 12-Wege-Komfortsitz
+ 750 Nm Drehmoment
+ Permanenter Allradantrieb

= „Warte, ich bring dich noch bis zur Tür."

Der Touareg

Москва

Nach 70 Jahren Sowjetzeit und stürmischen Nachwendejahren ist Moskau wieder Weltstadt. RUSSLANDS HERZ pulsiert und will alte Wunden vergessen. In der Metropole, die glitzert und angibt, auslaugt und einlädt, zählt nichts als die Zukunft

Wahrzeichen einer Weltmacht: Die Basiliuskathedrale und der Erlöser-Torturm der Kreml-Mauer auf dem Roten Platz

Foto: Detlef Steinberg

Der Kreml strahlt an der Moskwa, am Horizont ragen zwei stalinistische Kathedralen empor: Außenministerium und Hotel „Ukraina“

Das Feuerwerk zum TAG DES SIEGES fällt im neuen funkelnden Moskau kaum auf. Seit Jahrzehnten wird am 9. Mai das Ende des Krieges so zelebriert

Die Abkürzung GUM stand einst für „staatliches Kaufhaus". Mittlerweile haben internationale Designerlabels die Läden am Roten Platz übernommen, das Namenskürzel wird heute als „Hauptkaufhaus" interpretiert

Fotos: John S. King, Gerd Ludwig

Der GROSSE REICHTUM ist ungleichmäßig verteilt. Luxuriöser Lebensstil ist sichtbar für alle, für die wenigsten wird er Wirklichkeit

Nur Augen für die Kunden: Im ehemals staatlichen Kaufhaus „Natascha“ verkauft heute der Bennetton-Konzern seine Waren

Seit fast 80 Jahren ruht WLADIMIR ILJITSCH LENIN auf dem Roten Platz. Seine Zeit ist vorbei, doch sein Leichnam wird sorgsam gepflegt

Foto: Cary Wolinsky

Hinter dem Lenin-Mausoleum ziehen sich die Gräber anderer berühmter Kommunisten entlang. Auch Stalin liegt an der Kreml-Mauer

Foto: Jeffrey Aaronson

Moskau zählt 276 Kirchen, sechsmal mehr als noch 1985. Die Kirche der Ikone „Freude aller Leidtragenden“ ist eine der prunkvollsten

Seit der Wende hat das BEKENNTNIS ZUM GLAUBEN Hochkonjunktur. Die orthodoxe Kirche strebt erfolgreich nach Einfluss und Macht

Moskaus Jugend will SPASS UND ERFOLG. Lenin und Stalin sind manchen Schülern so unbekannt wie Warteschlangen vor leeren Regalen

Der Alexandergarten am Kreml ist Treffpunkt von Jugendlichen und Verliebten. Im Sommer herrscht Trubel bis in die Nacht

Russlands höchste Hochschule: Für die Lomonossow-Universität ließ Stalin einen 240 Meter hohen Wolkenkratzer errichten

Fotos: Rupert Oberhäuser

Foto: Wolfgang Kaehler

Staunen ist gratis, alles andere deutlich teurer. Der Einkauf bei Jelissejew gilt unter Russen als Statussymbol

Alles, was GUT UND EDEL ist, führte der Delikatessenhandel Jelissejew schon zu Zeiten des Zaren. Das Interieur ist seitdem dasselbe geblieben

Der Wandel zeigt sich bei Nacht fast mehr als bei Tag. Auf früher ausgestorbenen Straßen genießen Flaneure den Reiz ihrer Stadt

Moskau setzt auf GLÜCK UND GEWINN. Man ist nicht verliebt in das Geld an sich, sondern in die Fähigkeit, schnell Geld zu verdienen

Text: Jutta Voigt

Um Mitternacht sehe ich Moskau wieder. Nach 13 Jahren und einer Epoche. Das Gepäck noch im Kofferraum, fahre ich im Taxi eine verrückte Stunde lang durch die Stadt, die illuminiert ist, als hätte sie sich zurechtgemacht für ein Casting, das entscheidet, wer die Hauptrolle als Weltstadt bekommt. Vom Belorussischen Bahnhof die Twerskaja runter, die mal Gorkijstraße hieß. In die nächtliche Stille zog es damals niemanden, mit Ausnahme der Milizionäre auf der Suche nach Betrunkenen. Jetzt sind die Bürgersteige voller Menschen, die was erleben wollen. Den trutzigen Gebäuden hat man Maßanzüge aus Licht verpasst. Sie streichen die Vorzüge heraus und lassen die Nachteile im Dunkel.

Alles, was Moskau zu bieten hat, glänzt und glitzert, gibt an und lädt ein. Die Kreml-Türme, die nach wie vor Sowjetsterne aus rubinrotem Glas auf den Spitzen tragen, die Kreml-Paläste, das Telegrafenamt. Das Hotel „Ukraina", das Außenministerium – zwei von Stalins sieben Kathedralen. Die Stadt, die kein Nachtleben kannte, ist eine Nachtschönheit geworden; auch der Lubjanka-Platz strahlt, als hätte es am Sitz des KGB nie etwas zu verbergen gegeben. „Im

Hüftschwung für die Frauen: Männer-Strip-Shows sind bei Russinnen äußerst beliebt

Kreml ist noch Licht", rühmte der deutsche Emigrant Erich Weinert und meinte die Schreibtischlampe des blutigen Josef Wissarionowitsch. Heute leuchtet das ganze Zentrum, Stalins Lampe würde nicht mehr auffallen.

Putin wohnt gar nicht im Kreml, sagt der Fahrer, der fährt jeden Abend auf seine Datscha und morgens wieder zurück in den Kreml, der Arbat ist dann gesperrt und keiner weiß wann. Das Taxi rast über den Neuen Arbat, der bei meinem letzten Besuch noch Kalinin-Prospekt hieß. Hier wird die Lichtregie von den Besitzern der Spielcasinos und Discotheken übernommen, wüste Neonreklamen zucken fiebrig um ihr Leben, Las Vegas kann nicht unerbittlicher sein.

Irgendwann halten wir vor dem Hotel „Baltschug". Mein Zimmer hat Kreml-Blick. Vor dem Fenster steht der Erlöser-Torturm, ich lasse die Vorhänge auf, und so fallen die Lichter einer Großstadt ins Zimmer, wie es sie vor 13 Jahren noch nicht gab.

Damals, alle zwei Jahre im Juli, wohnte ich gegenüber, im Hotel „Rossija", diesem labyrinthischen Bettenklotz, der einst das turbulente Zentrum der Internationalen Moskauer Filmfestspiele war und jetzt abgerissen werden soll. Ein Problem im „Rossija" war das Haarewaschen. Man konnte sich die Haare nicht trocknen, weil die Steckdosen von der europäischen Norm abwichen. Ich ging zur *deschurnaja*, der Etagen-Wächterin, die machtvoll hinter ihrem Schreibtisch präsidierte und bat sie um ein Zwischenstück für den Fön. Sie gab es nicht raus, *njet*, ich solle mir bei ihr auf dem Flur die Haare fönen. So saß ich da mit kläglich nassen Flusen mitten auf dem Gang, begafft von vorübereilenden Festivalgästen, aller Intimität beraubt. Dafür sah ich aus meinem Fenster auf die Losung „Kommunismus ist Sowjetmacht plus Elektrifizierung". Und auf den Kreml. Der „Blick auf den Kreml" ist allgegenwärtig. Auch die ihn nicht sehen können, blicken auf ihn. Zarenresidenz, Herz des Kommunismus, Putins Palast. Angefangen hat alles mit Dolgoruki. Der Fürst entdeckte den hübschen Hügel an der Moskwa und baute dort eine Burg aus Eichenstämmen. „Komm zu mir, Bruder, nach Moskau", schrieb er an einen Freund, der Brief gilt als erste Urkunde für den Namen Moskau. Das war 1147.

In den folgenden Jahrhunderten entstand dieses eigensinnige Areal aus Kathedralen und Palästen, Gräbern und Denkmälern, das für die Welt Russland bedeutet. Nikita Chruschtschow hievte 1961 noch den Kongresspalast in den Kreml, einen gläsernen Parteitagskasten, der wie ein Elefant in den Porzellanladen des byzantinisch-italienischen Zarenwerks trampelte.

Auf dem Kreml-Gelände ist es still, der Lärm des rubelrollenden Moskau ist nur noch ein fernes Rauschen. Ein Areal von aufgeräumter Unwirklichkeit, glatt gefegt wie das Fürstentum Monaco, bloß ohne Palmen. Wenn Sauberkeit Unschuld bedeutete, wäre der Kreml so innozent wie die 72 Jungfrauen, die im Himmel auf islamische Selbstmord-Attentäter warten.

Die goldenen Kuppeln der Kirchen verbreiten sonnig heiteren Glanz. Fremdenführer berichten im warmen

Licht der mit Heiligenbildern tapezierten Kathedralen von den Krönungen und Begräbnissen der Zaren. Sie weisen auf den Betstuhl von Iwan dem Schrecklichen, der seinen Sohn erstach und Russland einte. Die Touristen staunen. Samtene Kutschen, Kronen aus Pelz und Edelsteinen, diamantene Fleischschüsseln.

Die Prunksäle sind nicht zu besichtigen. Es sei denn, man ist Staatsgast wie dazumal Margaret Thatcher, die ganz baff gewesen sein soll, als Gorbatschow ihr vom anderen Ende des 1250 Quadratmeter großen prachtvollen Georg-Saals entgegenschritt. In den achtziger Jahren, als man in Moskau vor den Restaurants anstand, um ein *kotlety po kijewski* zu bekommen, war ich auch mal in dem Saal, beim Abschlussempfang der Filmfestspiele. Das Buffet in seiner draufgängerischen Fülle verblüffte mich mehr als die Schönheit des Palasts. Lachs vom Baikalsee, feinster Stör, schwarzer Kaviar, Krim-Sekt in silbernen Kühlern. „Pflanzt euer rotes Banner der Arbeit / Auf jeden Acker, auf jede Fabrik / Dann steigt aus den Trümmern der alten Gesellschaft / Die sozialistische Weltrepublik." – Für alle hat es dann doch nicht gereicht. Ich habe damals ein blaues geschliffenes Glas eingesteckt, meine Kreml-Reliquie.

Hin und wieder rollt eine schwarze Limousine mit Gardinen über die geharkten Kreml-Höfe. Dann scheucht die Trillerpfeife des Milizionärs die Besucher aus der musealen Beschaulichkeit. Die Gegenwart ist unter Verschluss, der politische Teil des Kreml bleibt ein Geheimnis hinter gelbweißen Fassaden: das Blut und die Tränen, die Triumphe, Intrigen und heimlichen Racheakte, der Verrat des Lieblingsleibwächters.

Es irrlichtern die Schatten der Ahnen: Schlaflos grübelt Lenin über Staat und Revolution. Stalin summt leise sein Lieblingslied: „Sucht ich ach das Grab meiner Liebsten". Chruschtschow, Andropow, Molotow, Mikojan, Breschnew und all die anderen Kremlkämpfer mit dem heiseren Hauch des Kalten Krieges in der Kehle – schon vergessen. Jelzin veranstaltet im Rausch kommender Macht ein Saufgelage in Gorbatschows Arbeitszimmer, und der gedemütigte Patron der Perestroika verkündet am nächsten Tag das Ende der Sowjetunion. Er holt Hammer und Sichel vom Dach, hisst die russische Fahne und übergibt das Land seinem Rivalen Jelzin, dem korrupten Rebellen, der gern Peter der Große sein wollte.

Jetzt ist Putin Herr im Haus. „Es fand sich ein Mensch, der der Angst Einhalt gebot", sagte Trunkenbold Jelzin über seinen abstinenten Nachfolger. Der neue Monarch soll Raubtierkapitalismus und Mafia zügeln, kann Judo und kennt die Geheimdienste. Nach seiner Amtseinführung im Großen Kreml-Saal lässt sich der Neue in der Krönungskirche der Zaren den Segen des Patriarchen geben. Er ist beliebt, eine Girlie-Band singt: „Ich will einen wie Putin / einen, der nicht trinkt / einen wie Putin / der mich nie verlässt…."

Am Roten Platz haben sich ärmlich gekleidete Gestalten unter Fahnen mit Hammer und Sichel versammelt. Manche sind taubstumm, auffällig viele tragen eine Augenklappe. „Jelzin und Gorbatschow ins Gefängnis!" steht auf ihren Transparenten und: „Dserschinskij muss wieder auf den Lubjankaplatz!" Greisinnen halten selbst gepflückte Blumen in der Hand, eine presst einen Strauß vertrockneter, weißer Rosen an die Brust.

Der dünne Redner mit den langen grauen Haaren bemüht sich um jugendliche Verwegenheit, eine Hand zittert in der Hosentasche, die andere ist zur Faust geballt. Er beendet seinen Vortrag mit einem „Hoch auf Dschugaschwili", auf Stalin. Vier alte Komsomolzinnen in geblümten Sommerkleidern gehen auf das Podest und jubeln mit hohen Stimmen „*rodina moja*"; das von der Geschichte gebeutelte Publikum singt mit: „*rodina moja*" – mein Vaterland. „Im Kreml ist noch Licht", jedenfalls für die, denen kein anderes Licht mehr scheint.

Dem Kreml ist in Moskau nicht zu entkommen. Nicht seinem Glanz, nicht seiner Gewalt. Seinem Größenwahn auch nicht. Der Kreml zeigt, was Pracht ist, der Kreml zeigt, was Macht ist, der Kreml ist überall. Sein Gold, sein Marmor, seine Säulen, seine Deckenmosaiken. In den Metrostationen, im Delikatessenladen Jelissejew, im Jugendstil-Schwitzbad, der Sandunowski-Banja. In Stalins sieben Hochhäusern aus den dreißiger bis fünfziger Jahren, im Kaufhaus GUM; selbst das neue, direkt unter den Platz der Manege gebaute Einkaufscenter Ochotnyi Rjad hat Kreml-Geschmack. Es zählt der große Wurf oder gar keiner. Die reichen „Neuen Russen" statten ihre Eigentumswohnungen mit Whirlpool und Wolkenstores aus, mit Dachterrassen und Heiligenbildern. Im Dom Literatorow, dem ausschweifend luxuriösen Club der Dichter, wo ein dekolletiertes Damenorchester zu sibirischen Pelmeni Mozart spielt, fühle ich mich wie im Zarinnengemach.

Wenn es nach der melancholischen Nadeschda Krupskaja gegangen wäre, hätte man ihren Mann seinem Wunsch gemäß auf einem richtigen Friedhof neben seiner Mutter beerdigt. Der Führer der Oktoberrevolution aber wurde ins Mausoleum verbannt. An die 80 Jahre ist er nun schon zu beschauen, jeden Tag drei Stunden lang, montags gar nicht, regelmäßig wird er zum *remont* geschleppt, zur Überholung.

Früher standen die Gläubigen ab morgens um vier Schlange, um ihn sehen zu dürfen, den Heiligen der Revolution, nun reicht eine Stunde. Ein schmächtiger Wachsoldat mit großer Mütze kontrolliert meine Tasche. Er zeigt angeödet auf den Fotoapparat und schickt mich aus der Reihe. Fotoapparate sind verboten, doch nirgends findet sich ein Hinweis. Der fiese kleine Wachsoldat verrät auch nicht, dass es einen Schalter gibt, an dem man Fotoapparate hinterlegen kann.

Am nächsten Tag bin ich wieder in der Schlange, zwischen japanischen Senioren, die sich beim Warten gegen-

Putin ist für viele VORBILD UND HELD. Auf einen Präsidenten mit Starqualität hat Russland lange gehofft

Für seine Judo-Künste ist der Chef im Kreml berühmt. Zumindest fürs Foto kann jeder mit ihm sportlich den Schulterschluss üben

seitig massieren. Eine weiße Sonne steht über dem Roten Platz. Endlich dürfen wir runter zu Lenin. Die Dunkelheit blendet, ich sehe die Treppen nicht mehr, muss aufpassen, nicht zu stolpern auf den mit schwarzen Gummimatten ausgelegten Stufen. Die andächtigen Blicke der Mausoleums-Wächter deuten die Nähe der Mumie an. Es sind nicht ihre eigenen Blicke, sondern ererbte, es sind die Blicke ihrer Väter und Großväter, die in Lenin den Erlöser sahen, Blicke von gestern. „Pscht, Pscht", zischen die Japaner sich zu. Vor der Hülle Lenins verstummen sie, werden ganz still, weil eine düstere Neugier uns erfasst angesichts der Leiche, die beleuchtet ist wie die Wurst an der Fleischtheke des Supermarkts, rosaorange. Die Mumie tut mir Leid, wie sie da so liegt mit bleicher Faust und kahlem Puppenkopf, verflucht zu dauernder Präsenz, zum ewigen Striptease einer verendeten Hoffnung.

Woran glaubt Moskau jetzt? „Sehen Sie in die Augen der Leute auf der Twerskaja, und Sie werden alles begreifen", rät mir Alexander, ein junger Unternehmer. „Früher lebten die Moskauer nicht, sie versuchten, das Leben zu überleben." Mittags esse ich an einem Imbiss auf der Twerskaja eine mit Bohnen gefüllte Kartoffel. An der Häuserwand hockt eine Frau mit graublauen Augen. Ihr Mantel ist ebenfalls graublau und sehr schmutzig. Als ich die Pappe mit den Schalen wegwerfe, steht sie auf, klaubt sie aus dem Müll und isst meine Reste.

Moskau boomt. Es gibt italienische Restaurants, Coffee-Shops mit Stuckdecken und Nachtclubs mit Parkettfußboden. Alte Stadtpaläste werden restauriert und an Aufsteiger vermietet, die ihr Geld mit Öl, Gas oder Immobilien verdienen. Das „Piramida" ist der Treffpunkt der „Goldenen Jugend" zu Füßen der alteingesessenen *Iswestija*-Redaktion , teuer und hastig. Das ganze Lokal scheint aus Eisen zu sein, die Musik auch.

„Hier schlägt das Herz der Finsternis", sagt mein Begleiter. Kahl geschorene Männer mit breitem Gang chauffieren magersüchtige Mädchen in überlangen Schlaghosen wie schicke Limousinen vor sich her, Mädchen mit Körpern „von europäischer Qualität" wie neuerdings die Waren im GUM. In so jemand könnte ich mich nicht verlieben, nur wegen dem Geld, sagt Carlotta, eine junge Frau aus Berlin. Durch den Lärm hindurch streiten wir über die Abhängigkeit der Liebe vom Zeitgeist.

Man verliebt sich in diesem wilden Moskau nicht in das Geld an sich, sondern in die Fähigkeit, Geld zu verdienen. Wie man sich früher in das Talent verliebt hat, zu dichten wie Jewgenij Jewtuschenko oder rebellische Songs zu singen wie Wladimir Wissozki. Jede Zeit hat ihre Helden. Heute bewundern Mädchen die Jewgenijs und Wolodjas, die schnell sind, clever, riskant. Die es verstehen, frei von Rücksicht und Ideologie, einfach nur reich zu werden. Wir wollen alles sofort! ist die Losung, das alte *„sawtra budjet, sawtra"* – „morgen, morgen", ist vorbei. Moskaus Jugend setzt auf Gewinn, Verluste inklusive. Aus einem Auto vor dem „Piramida" schallt der Song: „Im Höllenfeuer stirbt ein fliederfarbener Junge".

In der Kasaner Kathedrale am Roten Platz sehe ich die Neuen Russen sich bekreuzigen und niederknien, Abbitte leisten für die Sünden schnellen Reichtums. Er im langen Nappaledermantel, sie im lila Seidenkleid, tiefschwarz gefärbt der Pagenkopf. Die Hingabe der beiden übertrifft die Frömmigkeit der alten Frauen mit den Kopftüchern. Gott und Geld – die Gesänge der Popen in den goldenen Talaren geben dem Roten Platz seine uralte Melodie zurück.

In der Unterführung zur Twerskaja spielen Straßenmusiker Vivaldi. Als hätte sich ein Streichorchester vom Konzertsaal in die Metro verlaufen, sieben Männer und zwei Frauen. Eine blonde Geigerin steht mit entschlossener Miene in der ersten Reihe; an Können mangelt es ihr auf keinen Fall, an Anmut noch viel weniger. Dass sie hier steht, muss andere Gründe haben. Die Passanten verharren, obwohl es zugig ist, Verzückung liegt auf den Gesichtern. Plötzlich erscheint die Dollar-Stadt in treuherziger Unschuld, und man ahnt, dass sich unter der Schminke eine altmodische Schönheit verbirgt. □

Jutta Voigt, *einst DDR-Bürgerin, besuchte die Hauptstadt des großen sozialistischen Bruderstaates früher regelmäßig als Kritikerin der Internationalen Filmfestspiele. Für* MERIAN *reiste sie nach der Wende das erste Mal wieder in ein gewandeltes Moskau.*

Die Karrieren

Moskau boomt, die Kaufkraft steigt, und Lifestyle wird zum großen Geschäft. Modedesigner, Werber und Imageberater gehören zur neuen Elite: jung, eigenwillig und von sich selbst überzeugt. **Sechs Porträts einer erfolgreichen Avantgarde**

Text: Stefan Scholl, Fotos: Igor Gavrilov

der Kreativen

Das Pelzjäckchen schillert so farbenfroh, als hätte Sergej es für eine brasilianische Karnevalstänzerin geschneidert. „Die Jacke habe ich aus Fellresten zusammengenäht", sagt Sergej. Er trägt ein blassgrünes T-Shirt, wirkt unscheinbar zwischen seinen Kreationen, klein und schlank, mit braunen lebhaften Augen. Er sieht eher nach 23 als 32 Jahren aus, als wäre er sein eigener Lehrjunge. Sergej Jefremow, Modeschöpfer.

„Schöpferisch sein heißt, sich ganz seiner Arbeit hinzugeben", sagt er, „sich für den Prozess, nicht für das Endergebnis zu interessieren". Dabei sind die Endergebnisse seiner Arbeit mehrfach preisgekrönt, in den neunziger Jahren gewann er dreimal hintereinander den Grand Prix der Moskauer Modewochen. Aber besonders stolz ist Sergej darauf nicht: „Mode in Moskau ist vor allem *tussowka*."

„*Tussowka*" heißt dabei sein, Partys, VIP-Clubs, Klatsch, laute Monologe über das eigene Talent. Modemachen ist schick in der *tussowka*. Sergejs Manager, Nick Stepanow grinst: „Spuckst du in dieser Stadt aus dem Fenster, triffst du immer einen Modeschöpfer."

Viele der jungen Modellisten seien mit der Zunge wesentlich geschickter als mit Kreidestift und Nadel. „Und einige haben einen reichen Papa, der ihnen mal schnell für 300 000 Dollar ein Atelier eingerichtet hat", sagt Sergej. Sein Vater war Chauffeur, er selbst hat nach einer Schneiderlehre die Staatliche Textilakademie in Moskau absolviert. Statt auf PR und Beziehungen setzt er auf Professionalität. „Die Clubs hier wollen noch Geld dafür haben, dass man bei ihnen eine Kollektion präsentiert. Da kaufe ich mir lieber eine neue Nähmaschine."

Was nicht heißt, dass Sergej die *tussowka* ignoriert. Auch er zieht samstags nachts durch die Clubs, um zu sehen, was seine Klientel anzieht, um zu hören, wofür sie sich interessiert. „Im Augenblick fahren alle Mercedes und tragen Gucci", sagt er. „Aber immer mehr Leute wünschen sich Individualität statt Prestige."

In dieser Richtung sind Sergej und seine Kunden dem Moskauer Mainstream um ein paar Längen voraus. Der Modemacher öffnet einen schlichten schwarzen Herrenparka. „Sehen Sie, außen Regenmanteltuch und innen ein Futter aus Bisamrattenpelz. Es gibt Moskauer, die begriffen haben, was Understatement ist."

„Schöpferisch sein heißt, sich ganz seiner Arbeit hinzugeben, sich für den Prozess, nicht für das Endergebnis zu interessieren"

Sergej Jefremow, 32
Modeschöpfer

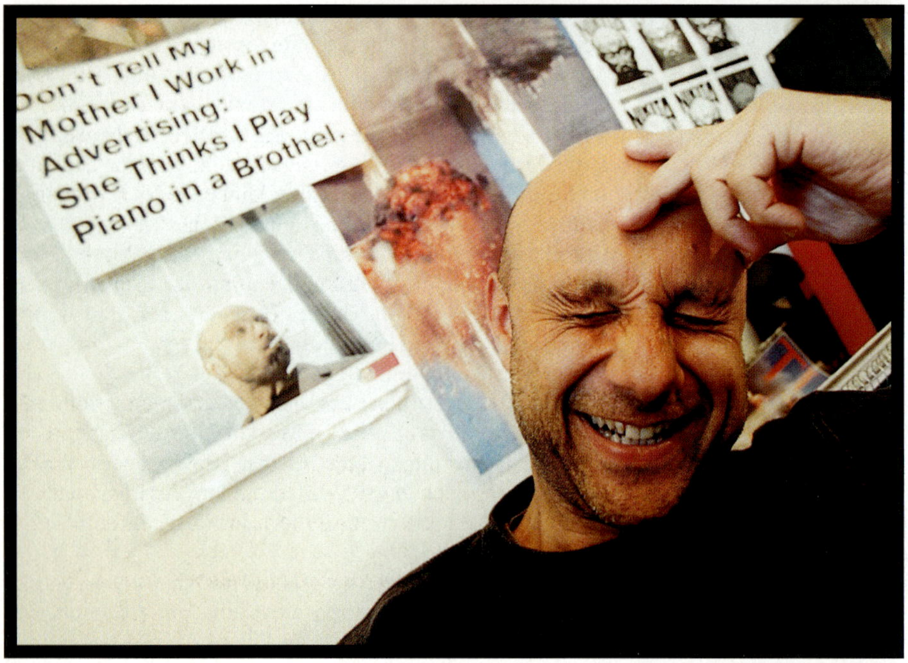

„Werbung kennt keine Kreativität, alles war schon mal da, alles ist Routine."

Nikita Ogurzow, 39
Creative Director

Er ist ein kleiner Mann, 1,65 Meter groß, sein Grinsen ist böse, die Finger umklammern eine Zigarette. Über seinem Schreibtisch hängt ein Bild des brennenden World Trade Center. Nikita Ogurzow, 39, Creative Director einer großen US-Werbeagentur, legt die Stirn seines Glatzkopfes in höhnische Falten. „Ich kann Amerikaner nicht ausstehen", sagt er. Nikita liebt es, dick aufzutragen, behauptet, er könne Menschen im allgemeinen nicht leiden. „Außer die einfachen Leute, die Arbeitern und Bauern", wieder grinst er.

Nikita ist Teil von Moskaus neuer lässiger Elite, die ihr Geld in der boomenden PR- und Werbebranche verdient. Die *kreatiwschtschiki* tragen Kaschmir und strotzen vor Selbstherrlichkeit und Sarkasmus. Wie Nikita.

Einige seiner Kampagnen sind preisgekrönt. Mit dem sowjetnostalgischen Slogan „Wenn ich wiederkomme" machte er den namenlosen Provinzwodka „Istok" zum Marktführer. Aber auch seinen Erfolg verspottet er: „Es gibt keine Kreativität in der Reklame", sagt er. Alles ist schon mal dagewesen, alles ist reine Routine." Schöpferische Arbeit sei „ein Seelenstriptease", zur Schau gestellte Sentimentalität.

Schon als Kind pflegte Nikita den Geist, der stets verneint. Mit 13 hängte er im Schulhof eine Strohpuppe auf. Sie trug ein Schild mit der Aufschrift „Ich war Kommunist" um den Hals. Als Jugendlicher war er drogensüchtig, kleptoman, klaustrophob, ein missratener Zögling des an der eigenen Heuchelei erstickenden Sowjetsozialismus. Einerseits. Andererseits studierte er am Surikow-Institut Malerei, hatte Talent. Seine Abschlussarbeit, eine Plakatserie zu Bulgakows Theaterstücken, gab er 1991 ab, ein paar Monate vor dem Ende der Sowjetunion.

Der Kapitalismus bot jungen Künstlern wie Nikita nichts, außer einem Platz am Computer: Schicksal Werbung, Text oder Grafik. Im Gegenzug erklärten die *kreatiwschtschiki* Zynismus zum Lebensstil: Seht, wie begabt und unverschämt wir sind! Wir glauben an nichts, lieben niemanden, bestenfalls uns selbst.

Seit 14 Jahren lebt Nikita mit seiner Frau zusammen – und mit fünf Katzen. Noch vor ein paar Jahren, als manche Moskauer ihre Katzenbabys einfach in den Müll warfen, zog er nachts die kläglich miauenden Tiere aus den Containern. Menschen gegenüber gebärdet er sich so unfreundlich wie möglich. Und kommt trotzdem bei den Frauen gut an. „Ist er nicht süß", lächelt die junge Sekretärin in seiner Agentur, „der tut doch nur so böse".

„Moskau ist ein Magnet, der Talente anzieht."

Artur Nuridschanjan, 27
Imagemaker

Der armenische Mokka ist heiß und stark, er schimmert wie Arturs italienische Designerschuhe. „Wenn jemand sein Leben verändern will, womit fängt er dann meistens an?", fragt Artur voller Vorfreude auf seine eigene Antwort: „Mit der Frisur. Und weiter geht es mit Make-up und Outfit."
Artur Nuridschanjan (27), gelernter Friseur, studierter Ökonom und selbsternannter „Imagemaker", führt ein Schönheitsstudio am Prospekt Mira. Klein aber fein, fünf bis zehn Kunden am Tag, ein Haarschnitt kostet wenigstens 30 Dollar, eine Styling mit Make-up und Modeberatung zwischen 70 und 300 Dollar. Artur bedient ein Grundbedürfnis des neuen, geld- und geltungshungrigen Moskau: Eindruck machen. Artur pflegt das Äußere seiner Klienten nicht nur, er will es neu gestalten. „Ihr Image heute ist Ihr Erfolg morgen", lautet sein Wahlspruch. Sein Traum ist ein eigenes „Imagezentrum". Mit Friseuren, Visagisten, Stylisten, Sprachdidakten und Psychologen, die dafür sorgen, dass sich Sein und Schein aufs vorteilhafteste entsprechen. „Unsere Klienten sollen in Aussehen und Auftreten das ausdrücken können, was in ihnen steckt".
Artur selbst wirkt tadellos, das dichte Haar glänzt, die Gesichtszüge sind vergnügt: „Die Leute sagen, ich sehe aus wie der junge Dustin Hoffman". Er mag Moskau: „Die Stadt magnetisiert, sie ist voller Talente mit riesigem schöpferischem Nachholbedarf." Und er mag BMWs: „Tolle Schlitten. Jeder BMW-Besitzer kriegt bei mir zehn Prozent Rabatt." Artur mag Menschen überhaupt. Und er redet gerne. Kommunikation, sagt Artur, ist hoch kreativ. Deswegen bietet er nochmal Kaffee an. „Oder besser Cognac?" Armenischer Cognac, erzählt er, sei unglaublich gut im Geschmack.

Sie sitzt mit gekreuzten Knien auf dem Hocker, ein mageres Mädchen, aus dessen Trainingshosenbeinen muskulöse Unterschenkel drängen. Ihr schmales Gesicht ist fast durchsichtig blass. So sehen Ballettratten aus, die sich ausruhen.
Für Tatjana Gordejewa, 29, ist das Ballett graue, traurige Vergangenheit. Sie ist Tänzerin der Gruppe „Kinetic", die zu den drei führenden Ensembles für modernen Tanz in Russland gehört. Eine Aussteigerin aus der Karrieremühle des klassischen Balletts. Acht harte Jahre verbrachte sie in der Ballettschule, „schlimme Minderwertigkeitskomplexe" hätten sie damals gequält. Danach Kremlballett, Schwanensee, Nussknacker, Ruslan und Ljudmilla. „Man entwickelt dabei einen Fanatismus bis zum Selbsthass", sagt die einstige Solistin des Kremlballetts, die die Traumrollen von Millionen kleiner Russinnen tanzte.
„Im großen Kremlsaal sind wir vor 4000 Menschen aufgetreten", Tatjana redet leise. „Wissen Sie, warum die gekommen sind? – Wegen der billigen Lachsbrötchen, die es in den Pausen gab."
Statt im Kreml zwischen den Pausen auf Zehenspitzen zu trippeln und dabei die Zähne zu blecken, wirbelt sie jetzt mit Bockssprüngen über Off-Bühnen. Im Saal sitzen meistens nicht mehr als 100 oder 200 Zuschauer, aber Tatjana tanzt das, was sie will. „Beim Ballett haben wir doch nur Geschichten illustriert, jetzt erzählen wir mit unseren Körpern unsere eigenen Geschichten."
Moderner Tanz sei eine andere Welt als das Ballett. Mit viel weniger Kommandos, viel mehr Zeit zum Reden und Nachdenken. „Ich habe mich immer gefragt, warum Ballerinen schweigen müssen", sagt Tatjana. Ihr Blick blitzt auf, als wäre sie im Gefängnis aufgewachsen und würde über die Freiheit reden. „Niemand, der einmal modern getanzt hat, könnte so dumm sein, zum Ballett zurückzukehren."

„Man sollte keine Angst haben etwas zu tun, was andere noch nie gemacht haben."

Tatjana Gordejewa, 29
Tänzerin

„Schick und Glück haben nichts miteinander zu tun“

Bachtijar Chudojnasarow, 36
Regisseur

Moskau nervt ihn. „Hier ist es unmöglich, sich ins Café zu setzen und in Ruhe zu arbeiten.“ Er seufzt, schiebt mit beiden Händen seine schwarze Haarpracht zurück. „Moskauer gehen nicht einfach vorbei, sie tragen bei jedem Schritt ihren Erfolg zur Schau. Schau auf meine Schuhe, schau, was ich mir leisten kann! Aggressive Angeberei.“ Aus seinem Blick spricht Resignation.

Dabei ist der Tadschike Bachtijar Chudojnasarow, 36, schöpferisch betrachtet, ein Kind dieser Stadt. Hier besuchte er das Staatsinstitut für Kinematografie, eine der weltbesten Filmhochschulen, studierte während der Perestroika, als Moskau kochte vor Neugierde, Hoffnungen und Ideen, die es zu verwirklichen galt.

„Kreativ zu sein, heißt seine eigene Welt zu schaffen“, erklärt Bachtijar. „Eine Welt, in die du all deine Emotionen hineinlegst“. In seinen ersten Filmen erzählte er selbst ausgedachte poetisch realistische Märchen, dann gewann 1993 sein Film „Neues Spiel, neues Glück“, ein tadschikischer Bürgerkriegsstreifen, in Venedig den Silbernen Löwen. 2000 wurde er für den Film „Luna Papa“ zum besten russischen Regisseur gewählt. In deutschen Programmkinos lief „Luna Papa“ mehrere Monate, in Moskau nur ein paar Tage. Mit Kunstfilmen kann man in der Stadt wenig anfangen, lieber schaut man auf Produktionen aus Hollywood.

Bachtijar hat tadschikische Eltern, einen russischen Pass und eine deutsche Aufenthaltsgenehmigung. Aber seine Berliner Wohnung steht seit Monaten leer, denn in Moskau lebt die Mehrzahl seiner Drehbuchautoren und seiner Schauspieler, außerdem seine Mutter und seine schöne aserbaidschanische Frau.

Also sitzt Bachtijar im Schneideraum an der Mosfilmowskaja und montiert seinen neuesten Film mit dem Arbeitstitel „Schick“. Drei russische Arbeiterjungen legen für einen Designeranzug zusammen, der ihnen Zugang zu Reichtum und Glück verschaffen soll. Der Film endet damit, dass die Jungs ihren Anzug verschenken und auf der Krim einen Ozeandampfer besteigen. „Sie haben begriffen, dass Schick und Glück nichts miteinander zu tun haben“, sagt Bachtiar. Gut möglich, dass Moskau auch Bachtijars jüngstes Werk nicht besonders mögen wird.

Vier Uhr nachts, die Kinderstirn zwischen Asjas blonden Brauen kerbt sich. Sie wirft einen prüfenden Blick auf die Tanzfläche. „Discjockey sein ist wie Wellenreiten. Du musst die Musik fühlen und gleichzeitig die Tanzenden."

Anastassja Klinkowa, 25, lernte als Kind an einer Moskauer Musikschule Gitarre und Klavier. Als Teenager tanzte sie die Nächte in Clubs durch, die heute zum großen Teil schon längst wieder geschlossen sind. Bis sie vor acht Jahren, „völlig unverschämt, ich weiß auch nicht warum", in die Platten-Box der Disco „Hippotomas" kletterte und den Discjockey bat, sie anzulernen.

Jetzt nennt sie sich DJ Asja und ist eine von drei Amazonen unter Moskaus 20 besten Discjockeys. Jedes Wochenende legt sie in zwei bis vier Clubs auf, im „Sufle" oder im „Ministerstwo", heute nacht im „Garasch", einem kleinen, elitären Club, in dem sich die *solotaja molodjosch*, die „goldene Jugend" der Moskauer Gesellschaft trifft. Das Publikum ist schön, hat reiche Eltern, langweilt sich schnell, und die Ohren sind verwöhnt.

Heute nacht bestimmt Asja den Takt. Auf der Tanzfläche wippen die langbeinigen Mädchen, verschwitzte Bodyshirts kleben auf braun gebrannten, wohlgenährten Torsos, Asjas Blick pendelt zwischen Plattenspieler und Menge. „In deinem Kopf arbeitet etwas, du versuchst den Rhythmus zu ahnen, den die Tanzenden als nächstes fühlen wollen." Sie saugt an ihrem Cocktail. „Wenn du dann diese Welle spürst, laufen dir Schauer den Rücken herab."

200 Dollar verdient Asja pro Schicht, „die Hälfte davon geht für neue Platten drauf", sagt sie. Moskau sei nicht unbedingt das Mekka kreativer Discjockeys. Die Clubbesitzer mischen sich oft ein, sagen: „Leg doch mal normale Musik auf, so tanzt doch keiner." Asja wehrt sich mittlerweile, sagt: „Bin ich der DJ, oder du?"

Ihre Platten sind ihr Lebensinhalt. Sie will studieren, Toningenieurin werden, sich zu Hause ein Studio einrichten und ihre eigene House-Musik machen. Ob Asja eine starke Frau ist? Sie lächelt, ihr Freund Denis zeigt auf ihre Plattentasche, die sie von Club zu Club schleppt. „25 Kilo", sagt er. „Heb' die mal hoch, dann weißt du, wie stark Asja ist." □

Stefan Scholl *schrieb für dieses Heft auch die Moskauer Momentaufnahmen (Seite 96).*
Igor Gavrilov *arbeitet als freier Fotograf in Moskau.*

„Mir läuft ein Schauer über den Rücken, wenn ich den Rhythmus spüre, den die Menge als Nächstes will."

Anastassja Klinkowa, 25
Discjockey

Foto: Peter Essick

Revolutionsromantik Stein für Stein zusammengefügt: Die Mosaiken in der pompös dekorierten Station Kiewskaja glorifizieren den Sieg des Kommunismus

Rendezvous im Untergrund

Als Paläste fürs Volk wurden die Bahnhöfe der ersten russischen Metro geplant. Zwischen Marmor, Stuck und Statuen warten täglich Millionen von Menschen. Auf den nächsten Zug – oder auf ein Tête-à-Tête

Text: Johannes Voswinkel

Am Bahnhof Ploschtschad Revoljuzii ist die Revolution zum Greifen nah. Teile der bronzenen Heldenstatuen sind von Berührungen bereits abgewetzt

Schwere Lüster, Stuck und eine düstere Vergangenheit: Im Bahnhof Komsomolskaja ließ Stalin ein Lager für Zwangsarbeiter im Metrobau einrichten

Menschenmassen auf dem Weg in die Tiefe: Rolltreppen führen bis zu 75 Meter weit unter die Erde zu den Gleisen der Metro

Sascha geht am liebsten in die U-Bahn, um zu warten. Nicht auf den Zug, denn der kommt alle ein bis zwei Minuten. Nein, mein Freund Sascha verabredet sich mit seinen zahlreichen Frauen in der Moskauer Metro. „Jeder Bahnhof ist einzigartig", sagt er, „wie mein Rendezvous dort." Die farbigen Linien auf dem verzwickten Plan der U-Bahn formen das Erinnerungsmuster von Saschas Liebschaften, über die er mir so gerne berichtet. Jede Fahrt führt ihn von neuem durch die Stationen seines Lebens.

Im Bahnhof Nowoslobodskaja hat er eine Pianistin getroffen, unterhalb des auf Glas gemalten Klavierspielers, dessen Hände wie die eines Gelbsüchtigen aussehen. „Eigentlich ist das ein ungünstiger Ort", erklärt er mir praktisch bedacht. „Es gibt keine Bänke, und an die nach innen gewölbten Wände kannst du dich schlecht anlehnen, wenn du wartest." Denn das Warten gehört zum Rendezvous, Verspätung ist Moskauer Recht. „Aber das Licht fällt in die Nowoslobodskaja wie in eine Kathedrale", schwärmt er, „feierlich und intim zugleich".

Sascha ist ein Meister der Verabredung im Untergrund, den passenden Ort sucht er mit Bedacht aus. Im Bahnhof Dinamo saß er mit Natascha, der Sportlerin, im Perlmuttschimmerlicht unterhalb der Keramikfigur einer Diskuswerferin. Die stieselige Natascha konnte es jedoch partout nicht ertragen, wenn regelmäßig aus den Lautsprechern eine säuselnde Frauenstimme mahnte, das Gepäck im Waggon nicht zu vergessen. „Wie dumm müssen die Leute nur sein?", unterbrach sie jedes Mal schimpfend das Tête-à-Tête, worauf Sascha bald die Station wechselte.

In der mit viel Gold ausstaffierten Komsomolskaja, die Sascha stolz Moskaus Sixtinische Kapelle nennt, verstörte er Tanja. Er erzählte der Schreckhaften von den Menschen, die in U-Bahn-Waggons einschlafen und ins Depot mitfahren. Ihr Leben lang müssten sie dann als unterirdische Sklaven schuften. Bis sie als Rentner wieder im Zug erwachten, inmitten der Werktätigen. Dass sich nach dem Zweiten Weltkrieg in der Station tatsächlich ein Lager für Zwangsarbeiter im Metro-Bau befand, wollte Tanja gar nicht mehr wissen.

Trotz solcher Misserfolge gelang es Sascha, mich für die Idee des Metro-Rendezvous' zu begeistern. Der Eintritt kostet gerade mal 22 Cent, und die exakte Verabredung (Prospekt Mira, Ringlinie, Bahnsteig, erster Waggon in Richtung Komsomolskaja) hat ihren eigenen romantischen Code. Und im Winter ist es dort warm.

Schon zu sozialistischen Zeiten, als es kaum Cafés gab, war die Metro der einzig erreichbare Exilort für Verliebte, denen die verschneite Parkbank zu kalt wurde. Die verzweigte und manchmal dämmerige Unterwelt erlaubte auch in der prüden Sowjetunion lang anhaltende Küsse. Am besten auf der Rolltreppe, die Unterschiede in der Körpergröße angenehm ausgleicht.

Dank Sascha sah ich die Metro, dieses grandiose Menschentheater und Panoptikum der Physiognomien, unter neuen Gesichtspunkten. „Mit Irina war ich in der Bjelorusskaja verabredet", erzählte er mir. „Pass bloß auf da: Die kalkweißen Wände verschmieren sofort die Kleidung, wenn du dich anlehnst. Kauf dir oben eine Flasche Mineralwasser zum Abwischen. Dann hast du einen guten Vorwand zur ersten körperlichen Annäherung."

Sascha ist durchaus raffiniert. Am Bahnhof Ploschtschad Revoljuzii, dem „Revolutionsplatz", erzählt er Bürgerkriegsschmonzetten und führt zu Statuen, die in kampfbereiter Haltung an den Pfeilern kauern. Die ehernen Frauen tragen Karabiner, und die Nasen der Hunde auf Sowjetwacht sind blank poliert von Millionen Händen. Dann führt Sascha die Finger seiner Umworbenen zum Revolver des Bolschewiken wie zu einer Reliquie. Wer es wagt, den Lauf in die Hand zu neh-

Jürgens Ost u. Europafoto

Architekturkunstwerk und Bunker in einen: Im Zweiten Weltkrieg verschanzte sich der Oberste Sowjet im preisgekrönten Bahnhof Majakowskaja

Sieben Millionen Fahrgäste am Tag, alle zwei Minuten ein Zug. Die Moskauer Metro ist eine der effizientesten der Welt – auch dank resoluter Schaffnerinnen

Beleuchtetes Glas in wuchtigen Bögen, dazu ein Hauch von Jugendstil. Die Station Nowoslobodskaja ist eine der elegantesten der Stadt

men, spürt, dass die Waffe des Kämpfers auch heute noch locker sitzt.

Mir gefiel die Idee, inmitten der getriebenen Menschenmenge die Kraft in der Ruhe zu finden. Wie sinnlos muss alles Hasten erscheinen, wenn man auf das Glück des Rendezvous' nur zu warten braucht. In der unterirdischen Weihehalle des Sozialismus, diesem Ort von Disziplin und Vergesellschaftung, würde ich zumindest zeitweise ein paar Fliesen im Schatten Lenins privatisieren. Der Stillstand wäre mein kleiner revolutionärer Akt gegen die Erfahrung von Rasanz, die einst bei der Eröffnung der Metro utopisch anmutete.

Der belesene Sascha erzählt gerne davon, wie der erste Stollen im November 1931 gegraben wurde. Die begeisterten Moskauer feierten die Metro-Erbauer als Helden. Atheistische Tempel entstanden nach dem Vorbild von Pharaonengräbern und römischen Katakomben. Bauern und Arbeiter waren die neuen Götter. Ohne Rücksicht auf Kosten und Verluste wurde die klassenlose Transportgesellschaft in die Erde gebohrt, wenngleich die Herren im Kreml ihre schwarzen Limousinen behielten.

Am 15. Mai 1935 öffnete als erste die rote Linie ihre Türen. Ein Dichter erzwang eine Ode, deren Wörter alle symbolisch mit dem Buchstaben M begannen, und Metro-Mythen von geheimen Parallellinien und Tunneln bis nach Peking dringen seit damals immer wieder ans Tageslicht.

Die „Schlacht an der Metro-Front" war geschlagen. Prunksäle mit gelbem Marmor und weißgeädertem roten Granit, mit Bronzelüstern und dorischen Säulen setzten ein unterirdisches Ausrufezeichen und kompensierten, was die Mächtigen über dem Asphalt nicht zustande brachten. Im Krieg fanden die Moskauer samt dem Generalstab auf den Bahnsteigen Zuflucht vor den Bomben. Mehr als 200 Kinder wurden damals in der Tiefe geboren.

Diese Metro sollte mein einzigartiger Rendezvous-Ort werden.

Ich wollte es zum ersten Mal mit Oksana versuchen, einer überirdischen Bekanntschaft. Sie kann bei der Fahrt zur Arbeit in den langen Metro-Gängen an keiner alten Babuschka vorbeigehen, die Küchenkräuter oder auf Fäden gezogene Milchpilze verkauft. Deswegen ist ihre Küche zu Hause voll von verwelkter Petersilie, und manchmal wirft sie heimlich eine Reihe gekaufter Pilze in die Parkbüsche. Oksana rührte so mein Herz.

Nur wo sollten wir uns treffen? Sascha hatte mir von der Station Majakowskaja vorgeschwärmt, wo in 33 elliptischen Deckenkassetten der Himmel aufleuchtet und der Druckluftstrom der hernannahenden Züge die schweren Lampen zum Tänzeln bringt. Er hatte den Bahnhof Kropotkinskaja gepriesen, diesen Saal von schlichter Schönheit, an dessen Pfeilern der angelehnt Wartende besonders lässig auszusehen vermag.

Aber ich entschied mich für die Arbatskaja auf der blauen Linie, Mitte des Bahnsteigs, weil dort aus den Kronleuchtern metallene Blumen zur Decke wachsen. Mit der zweiminütigen Fahrt in den Untergrund stieg meine Nervosität fast unerträglich an. Die Rolltreppe rumpelte wie ein Schicksalsband in die Tiefe, und manchmal quietschten die Gummiteile auf, als sei eine zu kühne Maus ins Räderwerk geraten. Der muffige Geruch von Staub, feuchten Mänteln im Moskauer Winter und Reinigungsmitteln

Zwischenmenschliche Wärme bei Minustemperaturen: Zwar sind selbst große Stationen wie der U-Bahnhof Kropotkinskaja nicht beheizt, aber die Wärme der Züge und der vielen Wartenden lässt dort niemanden frieren

setzte sich in die Nase. Beklommen wartete ich in der Mitte des Saales.

Ein Zug nach dem anderen fuhr wie ein Untier aus seiner Höhle und heulte mit den Bremsen. Oksana kam nicht. Ich betrachtete die Verkäuferinnen, die strohgeflochtene Schuhe und „Diplome jeder Art" anboten, bis eine Polizistenmütze in der Ferne sie auseinandertrieb. Die Stationsvorsteherin lief mit ehrfurchtgebietender Kelle vorbei, die auch schon mal Betrunkene in die Flucht schlägt. Sie trug ein rotes Filzschiffchen und war wie fast alle ihrer Kolleginnen gedrungen und von stapfendem Schritt, als wäre das ein Einstellungskriterium.

Oksana hatte schon eine halbe Stunde Verspätung.

Ich musterte die anderen Wartenden und überlegte, mit welcher der Frauen ich eine Schicksalsgemeinschaft der Versetzten eingehen könnte. Die junge Dame links an der Säule sah hübsch aus. Auf dem Kopf trug sie eine graue Hasenfellmütze, die ihr Ballerinengesicht hervorhob. Ich versuchte, ihre Haarfarbe zu erraten. Der Winter verpackt die russischen Frauen wie Geschenke und lässt beim Lupfen der Pelzmützen und Strickhauben viele Überraschungen zu. Die Auflösung werde ich nie erfahren, denn die Hasenfellmütze hakte sich bei ihrem albernen Kavalier ein und stöckelte davon. Sogar der arme Tropf von gegenüber, der mit den dörflichen Ohrenklappen und dem speckigen Mantel aussah wie die Personifikation der Einsamkeit, wurde von seiner Freundin abgeholt. Ich blieb als Letzter sitzen. Oksana kam nicht.

Traurig trottete ich nach Hause und rief sie an. Oksana beschwerte sich, sie habe anderthalb Stunden in der Arbatskaja gewartet. Der Blick auf den Metro-Plan erklärte alles: Es gibt zwei Stationen mit diesem Namen, eine auf der hellblauen und eine auf der dunkelblaue Linie. Ich erkannte Saschas Fortgeschrittenenstatus neidvoll an und verabredete mich künftig vor dem Mausoleum. Lenins Leiche ist garantiert einzigartig. □

Johannes Voswinkel, *Jahrgang 1961, lebt seit 1998 in Moskau und arbeitet dort als Korrespondent für die Wochenzeitung* Die Zeit.

MERIAN - INFO Die schönsten Metro-Stationen

Komsomolskaja
Der prunkvollste U-Bahnhof der Stadt, 1952 fertiggestellt und nach dem Russischen Kommunistischen Bund der Jugend (Komsomol) benannt, der beim Bau wesentlich beteiligt war. 72 marmorverkleidete Pfeiler, Kronleuchter und stuckgerahmte Mosaiken aus je 300 000 Einzelteilen sorgen für fast barocken Palastcharakter.

Prospekt Mira
Elegant ausgestatteter Bahnhof mit Wandreliefs, die lesende Kinder und fröhliche sowjetische Bauern zeigen.

Barrikadnaja
In rotem und weißem Marmor gehalten, die Reliefs an den Wänden schildern die Ereignisse von 1905 bis 1917.

Kiewskaja
Metrostation des Kiewer Bahnhofs, geschmückt mit Wandmosaiken, die Revolutionsszenen und die russisch-ukrainische Freundschaft thematisieren. Zum Beispiel: „Puschkin in der Ukraine".

Majakowskaja
Bei der New Yorker Weltausstellung 1938 gewann die nach dem Dichter Wladimir M. Majakowski benannte Station den Großen Preis für Architektur. Faszinierend sind die beleuchteten und mit fluoreszierenden Stoffen versehenen Kuppelmosaiken. Ihr Motiv: die Errungenschaften der sowjetischen Luftfahrt.

Nowoslobodskaja
Mehr als 30 beleuchtete Buntglasfenster tauchen die Station in angenehmes Licht. Die Bilder nehmen Motive russischer Gobelinkunst auf: Vasen, Rosetten oder auch Szenen wie „Russe im Studierzimmer bei der Zeitungslektüre".

Ploschtschad Revoljuzii
Die Station am Roten Platz ist der Oktoberrevolution gewidmet. Unter 40 Bögen stehen Bronzestatuen von Helden der Revolution: ein Pionier, die Besatzung des Panzerkreuzers Aurora, aber auch Sportler und eine Mutter mit Kind.

Die Geschichte der Metro dokumentiert ein **Museum** am Südausgang der Station Sportiwnaja, Chamownitscheskij wal. U. 36, Mo 11-18, Di-Fr 9-16 Uhr, Anmeldung empfohlen unter Tel. 222 73 09

Kein Lächeln zu viel

Grimmige Mienen und selten mal ein freundliches Wort. Für ihre rauen Sitten ist die Hauptstadt berüchtigt. Dabei können Moskauer so nett sein, sagt Wladimir Kaminer. Nur nicht auf Befehl und nicht jeden Tag

„Lieber Herr Kaminer", las ich neulich in einem Brief, „als ich vor kurzem in Moskau war, ist mir aufgefallen, dass alles, was bei uns unter Service-Bewusstsein, Dienstleistungsmentalität und ähnlichen Floskeln läuft, in Moskau nur rudimentär entwickelt oder überhaupt nicht vorhanden ist. Diese versteinerten Mienen der Bedienungen in Läden, Supermärkten, an der Museumskasse oder im Restaurant. Fast alle, die ich in Moskau getroffen habe, waren die Griesgrämigkeit so gewöhnt, dass sie sie kaum noch wahrnehmen."

Ich schrieb dem Absender zurück: Als gebürtiger Moskauer kann ich da nur zustimmen. Obwohl ich seit zwölf Jahren schon in der weltoffenen Metropole Berlin lebe, habe ich ständig mit der mir anscheinend angeborenen Grimmigkeit zu kämpfen. Es fällt mir schwer, freundlich zu lächeln, ich vergesse manchmal „bitte" und „danke" zu sagen, und wenn ich meine Nachbarn im Treppenhaus grüßen will, sind sie normalerweise schon über alle Berge. Hin und wieder neige ich sogar zu grob sittenwidrigen Handlungen und werde dann von meiner Frau, einer gebürtigen St. Petersburgerin, zu zivilisiertem Verhalten aufgefordert.

Die schwierige Last der Moskauer Manieren trage ich mein ganzes Leben lang und erkenne daher einen Landsmann schon von weitem. Ob in Lettland oder in der Ukraine, in Kasachstan oder Moldawien, die Menschen zeigen sofort mit dem Finger auf einen und sagen ihren Kindern: Schau mal da – ein Moskauer, der sieht nicht gut aus.

Sich über Moskauer Sitten zu beschweren hat eine lange Tradition und ist inzwischen selbst in Russland eine Selbstverständlichkeit geworden. Beinahe alle berühmten Schriftsteller und Dichter haben sich über dieses Thema ausgelassen, sie beschreiben die Moskauer Manieren seit es Literatur gibt. Die Historiker berichten, dass der unaufhaltsame Sittenverfall und die kontinuierlich steigende Alltagskriminalität in dieser Gegend bereits im 11. Jahrhundert ein großes Thema waren, als es Moskau noch gar nicht richtig gab.

Sogar Dschingis Khan, der etwas später die halbe Welt eroberte, hatte von den Moskauer Sitten schnell die Nase voll und verzichtete gelegentlich sogar auf die Schutzgeldzahlungen, nur um nicht schon wieder nach Moskau reiten zu müssen.

Viele meiner Freunde und Bekannten mögen diese Stadt nicht. Mein Freund Jurij zum Beispiel, geboren in der ukrainischen Großstadt Charkow, der wie ich in Berlin lebt, regt sich jedes Mal fürchterlich auf, wenn er in Moskau ist. Fast überall fühlt er sich beleidigt und verletzt. Am Zeitungsstand sagt die Verkäuferin niemals „Hallo", sie guckt aus ihrem Häuschen so finster, als wäre der Kiosk ihr Panzer und sie eine Kanone, die Feuer ausspuckt. Sie wird einen Kunden niemals fragen, was für eine Zeitung er denn gerne hätte. Das ist ihr nämlich scheißegal.

Wenn sie einen schlechten Tag hat, kriegt der Kunde gar nichts, wenn sie aber gut drauf ist, kann er alle Zeitungen umsonst bekommen. Einfach so! Weil wir Moskauer eigentlich total freundlich und intelligent sein können und höflich! Nur nicht jeden Tag! Und wir lachen nicht über jeden Witz. Und man kann ein anständiger Mensch sein, ohne jedem ständig mit „bitte" und „danke" auf die Nerven zu gehen.

Weil wir Moskauer so sensibel sind, brauchen wir unsere schlechten Manieren, um uns zu schützen. Denn was ist diese hoch gelobte Service-Mentalität, wenn nicht eine Lüge? Und was sind Höflichkeitsgesten einer Gesellschaft wert, in der jeder eh nur um seinen Bauchnabel kreist. Dafür können die grimmigen Moskauer Dienstleister einem Unbekannten das Leben retten, ohne eine Gegenleistung zu verlangen.

Als ich dort letztens in einem Lebensmittelladen ein gut aussehendes Stück Moskauer Wurst kaufen wollte, stieß ich unerwartet auf großen Widerstand seitens des Personals. „Ich rate Ihnen nicht, diese Wurst zu kaufen", sagte eine der Verkäuferinnen hinter dem Tresen. Sie verbog ihren Kopf und blickte mir tief in die Augen. „Warum denn nicht?", fragte ich erstaunt.

„Ich sage es nicht ein zweites Mal", sagte die Verkäuferin, „aber ich rate Ihnen, diese Wurst nicht zu kaufen." „Neulich haben zwei Leute aus dem Haus nebenan sie gekauft," mischte sich die andere Verkäuferin ins Gespräch. „Die Mutter war sofort tot, der Sohn hat noch zehn Stunden gelebt. Ein starker Bursche!" Als ich den Laden verließ, war ich auf der siebten Wolke, zwei unbekannte Frauen hatten mir gerade das Leben gerettet, ihrem eigenen finanziellen Vorteil zum Trotz. Doch zwei Tage später haben mich in demselben Laden dieselben Verkäuferinnen fast gezwungen, ein Pfund Bioquark zu kaufen, der ganz klar so aussah, als führe sein Verzehr zu einem schnellen und sicheren Ende.

Aber was soll's? So sind wir Moskauer eben. Wir können mitten im Winter in ein Fluss springen, um einen herrenlosen Hund an Land zu ziehen, ihn anschließend zu füttern und zu verwöhnen, weil die Liebe die Welt errettet. Und am nächsten Tag ihn wieder in den Fluss werfen, weil das ganze sowieso keinen Sinn hat.

Die allgemeine Unzufriedenheit liegt in der Natur meiner Landsleute. Deswegen gibt es so gut wie nie gutes Wetter in Moskau, es ist immer entweder zu heiß oder zu kalt, zu trocken oder zu regnerisch. Wenn die Moskauer über ihre Arbeit reden, ist es in der Regel eine Scheißarbeit, die außerdem schlecht oder gar nicht bezahlt wird. Die Moskauer gehen ungern aus, sie haben keinen Bock auf Theater, interessieren sich nicht für Ballett. All diese Menschen, die in den Kinos und Theatern sitzen oder in der Schlange vor dem Mausoleum stehen, sind Zugezogene oder Ausländer.

Eigentlich zählen alle zu den Ausländern, die nicht seit dem 11. Jahrhundert in Moskau leben. Sie werden von den echten Moskauern verpönt. „Wo kommt ihr nur alle her? Geht weg da!", schrie immer eine alte Oma aus unserem Haus, die extra dafür tagelang an einer Bushaltestelle verbrachte, um die Menschen in den überfüllten Bussen zur schnelleren Weiterfahrt zu motivieren. Sonst aber ist Moskau eine kosmopolitische Stadt.

Mit der Heimatliebe sieht es dort nicht gut aus. Die Regierung war ganz schön erstaunt, als über 70 Prozent der Bevölkerung auf die Frage „Was würden Sie tun, wenn die Hauptstadt Russlands nach Nowgorod verlegt würde?" antwortete: „Auch nach Nowgorod ziehen". Egal, ob gehasst oder geliebt, Moskau wird für alle zu einem Erlebnis – auch ohne Service-Bewusstsein. Alle Nicht-Moskauer, die in der Stadt arbeiten wollen, sollten sich auf die dortigen Sitten schon im Vorfeld einstellen. Das ist gar nicht schwierig, denn die Moskauer machen aus ihren Macken kein Geheimnis. Schon in dem weltberühmten russischen Lied „Moskauer Nächte" wird ausführlich beschrieben, worauf man gefasst sein muss.

Leider habe ich im Internet die deutsche Textfassung nicht gefunden, aber auch in der computerübersetzten Version werden die Sitten meiner Heimatstadt sichtbar:

Nicht ein Flüstern ist im Garten zu hören / Unten bis Dämmerung alles eingefroren. / Wenn Sie nur wüssten, wie die sind / diese Nächte von Moskau!

Normalerweise verbringt man in Moskau die Nacht zu Hause, weil es draußen dunkel und nicht ungefährlich ist. Wenn einer trotzdem Lust hat, in einem großen Garten – zum Beispiel im Gorkij-Park – nachts spazieren zu gehen, wird er dort wenig zu sehen und zu hören bekommen. Sollte er aber in den Büschen doch irgendetwas hören, dann wäre es angebracht, ganz schnell aus dem Garten zu verschwinden.

Weiter heißt es im Lied-Text:

Der Fluss bewegt sich und manchmal nicht / Alles voll von Mondsilber / Ein Lied klingt und soll nicht gehört werden / In jenen Nächten von Moskau.

Das heißt im Klartext: Sollten Sie doch in eine Auseinandersetzung mit Unbekannten geraten, rufen Sie nicht um Hilfe. Es kann dadurch nur noch schlimmer werden.

Warum blicken Sie Liebling auf mich von der Seite / Ihren Kopf verbiegen Sie so niedrig? / Zu sagen ist nicht einfach / Alle Sachen, die in meinem Herzen sind.

In einer solchen Situation ist eines wichtig: Keine blöden Bemerkungen über das Äußere und das Verhalten Ihres Gegenübers! Das beunruhigt den nervenschwachen Menschen nur.

Und Dämmerung wird immer sichtbarer / So seien Sie bitte so freundlich / Sie auch vergessen nicht / Diese Nächte von Moskau.

Außergewöhnliche Erlebnisse bleiben tief in unserem Unterbewusstsein haften. Wenn sich zwei treffen, die zum Beispiel im Knast saßen oder in der Armee gedient haben, so werden sie sich immer viel zu erzählen haben, auch wenn diese Ereignisse schon Jahrzehnte zurückliegen. So ist es auch mit Moskau. Einer, der diese Stadt richtig kennen gelernt hat, wird sie nie mehr vergessen. □

Wladimir Kaminer, *geboren 1967 in Moskau, lebt seit 1990 in Berlin. Berühmt wurde er durch sein Buch „Russendisko", das sich auf die gleichnamige von ihm initiierte Berliner Veranstaltungsreihe bezieht. 2002 erschienen im Goldmann-Verlag seine Erzählungen „Die Reise nach Trulala".*
Frank Tschirner *fotografierte Kaminer.*

Schweigen ums Gold

Um den Schatz von Troja rankt sich ein Kunstkrimi voller Geheimnisse. Schon der Archäologe Heinrich Schliemann verstrickte sich in Widersprüche, sein Fund war später jahrzehntelang verschollen – bis das Puschkin-Museum ihn der Welt präsentierte. Das Gold ist wieder da, doch der Fall nicht gelöst

Text: Irina Schedrowa, Fotos: Jens Rötzsch und Harf Zimmermann

Heinrich Schliemann wollte das Troja der Ilias finden. Er zerstörte, was er suchte, aber stieß auf Gold

Herzstück des sagenumwobenen Priamos-Schatzes:
Das große Diadem aus purem Gold, vor mehr als
4500 Jahren aus 16 337 Einzelteilen zusammengesetzt

Mehr als ein Pfund wiegt das goldene Gefäß, das Wissenschaftler unter Aufsicht der Polizei untersuchen. Schliemann erkannte darin eine Trinkschale, wie sie auch Homer in der Ilias erwähnt

Forscher rätseln noch immer über die wahre Bedeutung der Funde. Die blaue Bleistatuette wurde vermutlich zu Ehren einer Göttin geformt

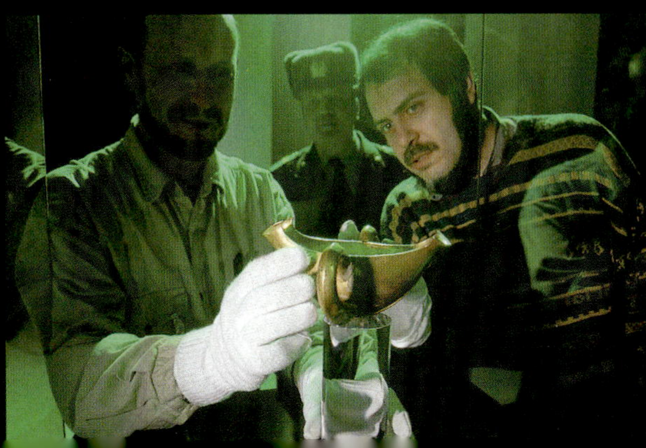

Schmuck aus der Erde: die Griechin Sophie Schliemann mit dem Geschmeide, das ihr Mann im türkischen Hissarlik barg

Im Saal Nr. 7 des Puschkin-Museums steht ein gutes Dutzend Vitrinen aus Panzerglas auf dunkelbraunen Sockeln. Diffus fällt das Licht herab auf matt glänzende Goldketten und Linsen aus Bergkristall, festgesteckt auf dunklem Tuch. Sehr ordentlich wirkt das Ensemble. Und sehr leblos. In einem der Glaskästen sitzt ein Diadem auf einer schwarzen Büste. Tausende von kleinen Goldplättchen schmiegen sich an den Samt, filigran miteinander verbunden und frei schwingend hinter den dicken Sicherheitsscheiben. Es könnte einst der Kopfschmuck einer reichen Dame gewesen sein, niemand weiß es genau, aber wer das Stück betrachtet, dem wird klar, dass er das Gold von Troja sieht.

Die Lieblosigkeit der Inszenierung wirkt, als wollten die Moskauer den Eindruck erwecken, die Schau in Saal Nr. 7 sei nichts Besonderes, schon gar nicht das derzeitige Kapitelende eines der spannendsten Kunstkrimis aller Zeiten, einer Geschichte voller Täuschungen und Irrtümer, Halbwahrheiten und Glorifizierungen. Schon der Mann, der den Schatz ausgrub, der deutsche Altertumsforscher Heinrich Schliemann, war ein Meister in solchen Dingen.

Bis heute liest es sich atemberaubend, wie Schliemann seine Entdeckung im Mai 1873 in seinem Tagebuch schildert: Eines Morgens stößt er beim Graben auf „einen großen kupfernen Gegenstand von sehr merkwürdiger Form" und glaubt, dahinter „Gold schimmern zu sehen". Aus Angst vor der „Habgier meiner Leute" ruft er eine Pause aus und beginnt ganz allein, den Schatz unter einer einsturzgefährdeten Mauer herauszuschneiden, „ein Unternehmen, das die größte Anstrengung erforderte und in höchstem Maße lebensgefährlich war".

Seine Frau Sophie hilft ihm, die Becher, Kannen, Armbänder und Lockenringe „in ihren Schal zu packen und fortzutragen". Schliemann erzählt das spannend, nur kann es leider nicht stimmen. Die Griechin Sophie weilte damals in Athen, weit weg vom türkischen Hissarlik, der Ausgrabungsstätte an den Dardanellen.

Auch sonst sorgte Schliemann nicht gerade für Klarheit. Seine Tagebuchaufzeichnungen vor Ort weichen von seinen späteren Schilderungen ab, die Daten purzeln durcheinander, genauso wie die Beschreibung der Fundstelle selbst. Das alles brachte dem Forscher oft genug den Vorwurf ein, sein Schatz sei billig auf den Märkten von Athen und Istanbul zusammengekauft.

Aber Schliemann focht das nicht an. Der Sohn eines Landpfarrers, aufgestiegen zu einem der reichsten Kaufleute Europas, verfolgte einen Traum: zu beweisen, dass Homers Erzählungen von den Helden Trojas der Wahrheit entsprechen. Ungeduldig schaufelte sich Schliemann durch den Hügel von Hissarlik, trieb seine Arbeiter brutal an und ließ auf dem Weg zum felsigen Urgrund alles beseitigen, was er nicht für den Sitz des Königs Priamos hielt – ein fataler Irrtum: Der Hügel von Hissarlik besteht aus neun Schichten, das homerische Troja liegt mitten in diesem Siedlungskuchen, nicht unten auf dem Boden.

Wie der Held einer griechischen Tragödie zerstörte Schliemann, wonach er sehnlichst suchte: die Überreste der Stadt aus der Zeit um 1300 v. Chr., die die Mehrheit der Fachleute heute als das von Homer besungene Ilios ansieht. Zwar ist noch immer nicht bewiesen, dass Odysseus, Hektor oder Helena tatsächlich je gelebt haben, aber

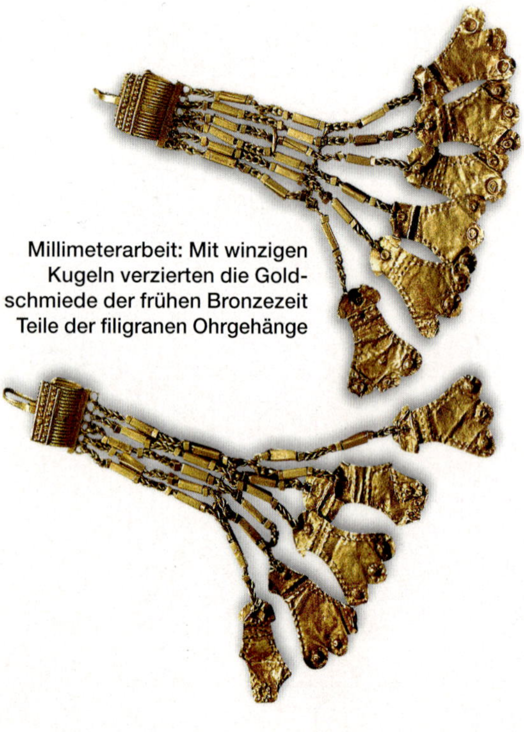

Millimeterarbeit: Mit winzigen Kugeln verzierten die Goldschmiede der frühen Bronzezeit Teile der filigranen Ohrgehänge

Sechs kleine Gefäße schmücken den Rand der Schmucknadel, die Schliemann aus der Erde hob. Erst spät gab er zu, dass sie wie alle seine Funde nicht Homers Troja entstammt

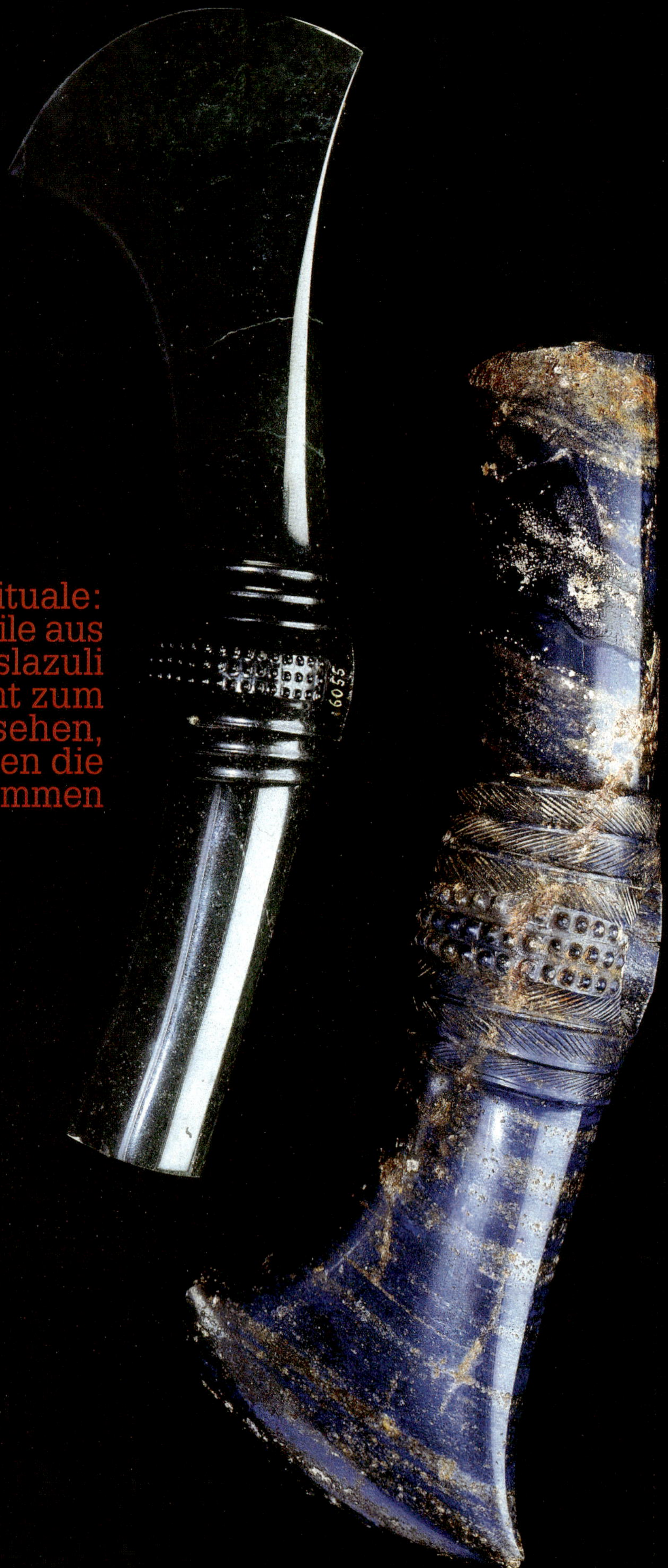

Requisiten für Rituale: Die edlen Beile aus Jade und Lapislazuli waren nicht zum Schlagen vorgesehen, sondern sollten die Götter gnädig stimmen

selbst wenn: Die von Schliemann gefundenen Stücke wurden auf keinen Fall von den Goldschmieden des Priamos geschaffen, sondern von geschickten Handwerkern aus der frühen Bronzezeit, rund 2800 v. Chr. – einer Epoche, die den Historikern des 19. Jahrhunderts völlig unbekannt war. Schliemann verschätzte sich um 1500 Jahre. Ein Fehler, den er am Ende mit Bitterkeit zugab.

Eins aber wollte der Archäologe niemals zugeben: dass er nicht einmal der wahre Entdecker der Stadt war. Diese Ehre gebührt seinem Grabungspartner Frank Calvert, der schon Jahre zuvor in Hissarlik Land gekauft und eigene Ausgrabungen angestellt hatte. Statt Ruhm und Ausbeute mit ihm zu teilen, schmuggelte Schliemann seinen Fund nach Griechenland, prellte den Briten um dessen Anteil, genau wie die türkische Regierung, der laut Ausgrabungsvertrag die Hälfte des Schatzes zugestanden hätte.

Von den wütenden Türken kaufte sich Schliemann mit 50 000 Goldfrancs frei, reiste zurück nach Deutschland und vermachte seinen Fund 1880 „dem deutschen Volke zu ewigem Besitze und ungetrennter Aufbewahrung in der Reichshauptstadt“. Der Schatz wurde in der Vorgeschichtlichen Abteilung des Berliner Völkerkundemuseums ausgestellt. Allerdings nur 60 Jahre lang.

Im März 1945 erging ein Führerbefehl: Die Berliner Kunstschätze, bereits bei Kriegsbeginn in Kellern und Tresoren versteckt, sollten aus der Stadt herausgeschafft werden. Doch Wilhelm Unverzagt, damals Museumsdirektor, widersetzte sich. Schon im Herbst 1941 hatte er den Troja- Schatz verpacken und in den Flakturm am Zoo bringen lassen, einen gigantischen Bunker, der als unzerstörbar galt.

Von dieser Festung aus dirigierte die deutsche Luftwaffe die Verteidigung von Berlin, auf diesen Turm feuerten die Russen am 27. April 1945 volle Kraft aus ihren Panzern. Drinnen drängten sich 30 000 Männer, Frauen und Kinder. Verwundete stöhnten, und mittendrin saß Wilhelm Unverzagt auf seinen kostbaren Kisten, bereit, das Troja-Gold vor Plünderern und marodierenden Soldaten zu bewahren. Schließlich musste er den Schatz russischen Offizieren übergeben, Ende Mai sah er die Kisten zum letzten Mal, sie wurden in einen Studebaker geladen und abtransportiert.

Auf über eine Milliarde US-Dollar schätzen die Russen den Wert des Geschmeides und des Tafelgeschirrs. Nicht mit Geld zu beziffern ist der symbolische Wert, ein Schatz umwoben von Sagen und dem Mythos antiken Heldentums. Das Troja-Gold gilt als „kostbarste Sammlung der nach Russland verlagerten Kunst“, heißt es in einem Papier des russischen Kulturministeriums – auch wenn diese „Verlagerung“ dem Jalta-Abkommen der Siegermächte widersprach. Wohlweislich schwiegen sich deshalb die Sowjets über den Verbleib des Goldes aus.

Beflügelt vom beginnenden Kalten Krieg entstanden neue Legenden. Plündernde Soldaten hätten das Gold eingeschmolzen, hieß es schon 1949. Der Schatz sei in Amerika, raunten andere: Sei nicht der Ehemann der Schauspielerin Hildegard Knef amerikanischer Kunstoffizier mit direktem Zugriff auf Museumsschätze gewesen? Entrüstet meldeten westdeutsche Zeitungen, von Schliemann ausgegrabene Keramiken seien in Brandenburg bei Polterabenden zerschlagen worden, weil es „in der Ostzone nicht viel Geschirr gibt, das man an die Wand werfen“ könne.

Die Hüterin des Goldes: Irina Antonowa, Direktorin des Puschkin-Museum, nahm den Schatz 1945 in Empfang und stritt seine Existenz dennoch ab

Das Gold blieb verschollen – bis 1987 ein junger Kustos im Keller des Moskauer Kulturministeriums einen brüchigen Packen Papiere fand, eine Liste von Kunstwerken im Sonderdepot des Puschkin-Museums. Eins der Dokumente trägt die Überschrift: „Einzigartige Objekte aus dem Großen Schatz von Troja, Berlin, Völkerkundemuseum“. Beweis dafür, dass das Gold mehr als 40 Jahre lang in den Lagern des Puschkin-Museums vesteckt worden war. Die Direktorin Irina Antonowa, 80, bestritt dies noch über Jahre, obwohl sich auf der Empfangsbestätigung von 1945 ihre eigene Unterschrift fand. Schließlich öffnete sie doch die Türen der Sonderdepots, und im April 1996 wurden 260 Exponate, Ohrgehänge, Ketten, Diademe und Gefäße erstmals öffentlich in Moskau gezeigt.

Längst ist ein neuer, ein diplomatischer Krieg um den Hort des Priamos entbrannt: Schon 1992 meldete die Türkei ihre Ansprüche an; ein Jahr später weckte Präsident Jelzin Begehrlichkeiten in Athen, indem er versprach, die Sammlung in die griechische Hauptstadt zu bringen. Auch die Deutschen wollen die Beutekunst zurückhaben und berufen sich dabei auf den Freundschaftsvertrag mit der Sowjetunion von 1990 und die Haager Landkriegsordnung von 1907, die den Raub von Kunst beim Kriegsgegner verbietet.

Die Russen aber stellen sich stur. 1995 wurde sämtliche Beutekunst vom Parlament zum Nationaleigentum erklärt, 1999 wurde das Gesetz vom russischen Verfassungsgericht bestätigt. Das Gold von Troja glänzt also weiter, unspektakulär drapiert, im diffusen Licht des Saals Nr. 7, und es ist nicht sicher, dass Schliemanns Schatz die russische Hauptstadt überhaupt je wieder verlassen wird. □

Irina Schedrowa, *1970 in Moskau geboren, wuchs in Deutschland auf. Sie berichtet u.a. für den* Spiegel *aus Moskau.* **Jens Rötzsch und Harf Zimmermann** *waren die ersten deutschen Fotografen, die im Saal 7 fotografieren durften.*

MERIAN - INFO Das Gold von Troja

Der 1873 von Schliemann entdeckte **Schatz des Priamos** ist Teil der Dauerausstellung im Puschkin-Museum. Im Saal Nr. 7 sind insgesamt 260 Exponate des Schatzes zu sehen, darunter das Große Diadem, das als Prunkstück der Ausstellung gilt. **Puschkin-Museum der bildenden Künste, ul. Wolchonka 12, Tel. 203 95 78, Di-So 10-19 Uhr, Metro: Kropotkinskaja**

Ins Eis mit Stil: Zumindest, was die Haltung angeht, werden Eisschwimmer in Russland zu Unrecht „Walrosse“ genannt

Foto: Lynn Johnson

Frost macht Freude

Text: Viktor Pelewin

Der Winter ist für viele Moskauer die schönste Zeit im Jahr. Der Schnee schluckt den Smog, der Eisangler den Schnaps und aus grauem Alltag wird ein Abenteuer in Weiß

Aus der Sicht eines Russen gibt es in Westeuropa überhaupt keinen Winter. Das in den meisten westeuropäischen Metropolen von November bis April vorherrschende Wetter erinnert eher an den russischen Herbst – und nicht einmal den ärgsten. Winter in Moskau: Das ist ein eisiger Abgrund aus Schwarz und Weiß, in den die Welt von einem Tag auf den anderen hineinkippt. Eine zyklisch wiederkehrende Naturkatastrophe, für die man sich in sowjetischen Zeiten jedes Mal rüstete wie für einen kleinen Krieg. Und trotzdem meinen viele, der Winter sei die schönste Jahreszeit überhaupt.

Mit der gängigen westeuropäischen Winterbekleidung lässt sich in Moskau im Höchstfall zwei, drei Wochen pro Jahr etwas anfangen, die restliche Zeit versagt sie, ist entweder zu warm oder zu kalt. Die ideale Tracht für den, der unbedingt auf Moskaus Straßen einen Winterspaziergang machen möchte, ist ein ordentlicher Parka mit Kapuze, die man bei besonders grimmigem Frost mittels Schnüren in eine Art U-Boot-Periskop verwandelt.

Im Winter sind die Tage in Moskau sehr kurz. Schon in den ersten Nachmittagsstunden scheint die Stadt wie auf einen Meeresgrund zu sinken, eine zähe, tintige Schwärze zieht ein. Zwar wird die Dunkelheit von einer Vielzahl bunter Lichter zerrissen, aber das elektrische Flirren unterstreicht nur den Mangel an natürlichem Licht.

Dafür ist ein sonniger Morgen im verschneiten Moskau so unerhört schön, dass man es schwer beschreiben kann. An solchen Tagen wirkt die

Stadt viel heller als im Sommer, denn das Sonnenlicht wird von den Myriaden winziger Spiegel reflektiert, aus denen sich der Schnee zusammensetzt. Von winterlicher Depression keine Spur. Selbst die Luft scheint zu leuchten, funkelt wie Silber, alles um einen her gewinnt eine ganz eigentümliche Leichtigkeit und frostige Frische.

Es ist diese weiße Form von Elektrizität, die aus der Luft direkt ins Blut geht, dazu das trockene Knirschen des Schnees unter den Füßen und der scharfe Geschmack der Luft, weshalb viele Leute den Winter mehr mögen als den Sommer. Mit dem Kälteeinbruch wird das Zentrum, das den Sommer über im Smog versackt, wieder bewohnbar; die Röte auf den Gesichtern könnte vom Frost herrühren, aber auch von der unnormal sauberen Luft.

In Moskau fällt das Atmen im Winter leichter, das Gehen schwerer: Obwohl die Straßen ständig geräumt werden, verwandeln sie sich in Eisbahnen oder in Hindernisstrecken, bedeckt von etwas, das sich weder gefroren noch flüssig nennen lässt.

Die extremste Wintersportart, die man in Moskau betreiben kann, ist das Autofahren. Insbesondere an Tagen, da die Straßen angetaut waren und wieder überfroren sind. Für passionierte „Smart"-Fahrer ist Moskau nicht der richtige Ort. Ein Auto muss hier groß und stark sein, um zufälligen Begegnungen mit Fahrern standzuhalten, die das Steuern an der Playstation gelernt haben. Von denen gibt es viele auf Moskaus Straßen. Auf sie gemünzt existiert ein ungeschriebenes Gesetz, das für die Moskauer Autofahrer obenan steht. Es handelt sich um die berühmte 3-D-Regel: „*Daj duraku dorogu*!", die besagt, dass man einem Idioten tunlichst die Vorfahrt überlassen sollte: „Mach den Weg für den Narren frei". Die 3-D-Regel gilt das ganze Jahr über, doch bei Glatteis kann es einem das Leben retten, wenn man ihr folgt.

Sehr in Mode ist neuerdings das Snowboarden. Die Skianlagen der Moskauer Peripherie, an Wochenenden überfüllt, sind unter der Woche fantastische Erholungsorte. Noch abends um zehn kann man kommen und bis ein, zwei Uhr nachts auf beleuchteten Pisten abfahren. Sie unterscheiden sich wenig von denen im Westen oder allenfalls durch ein geschichtliches Moment. Denn am Anfang war der Glühwein – der wunderbar schmeckt, nachdem man bis zur Erschöpfung die Hänge hinuntergejagt ist. Den Glühweinausschank gab es bereits, als noch jede andere Infrastruktur fehlte; Cottages und Lifte kamen später hinzu.

Das traditionelle Wintervergnügen der Moskauer ist allerdings immer noch das Schlittschuhfahren. Von Erfindungen à la „Disco on Ice" abgesehen, die manchmal im Gorkij-Park veranstaltet werden, hat sich dieser Zeitvertreib seit dem Zaren im Grunde unverändert erhalten. Nur die auf Bühnen vor dem Eis herumhampelnden, die Massen animierenden Tänzer sind ihm erspart geblieben.

Während reiche Leute – sofern sie die Freizeit in Russland verbringen – auf dem Gelände ihrer Country-Clubs Snow Racer fahren, tummelt sich das Volk mit Skiern und Schlitten an den Hügeln des Moskauer Umlands oder hockt, in mehrere Lagen Pelz gehüllt, mit der berühmten *mormyschka*-Angel über einem Eisloch.

Eisangeln – genauer gesagt: die vom ersten Morgengrauen bis zum lilaroten Wintersonnenuntergang anhaltende Meditation über dem im Loch versenkten Angelhaken – ist komplizierter als normales Angeln. Es ist eine Möglichkeit, mit sich selber allein zu sein, für die einen; eine Möglichkeit, mit der Flasche allein zu sein, für die anderen. Die Mehrzahl der Eisangler bewegt sich (nein: sitzt reglos) zwischen diesen beiden Extremen.

Seit wenigen Jahren kann man in den Moskauer Parks ein völlig neues Phänomen beobachten: Radfahrer in dünnen Body-Trikots und Helmen, die mit ihren Mountain-Bikes die Schneewehen pflügen. Sie fallen auf. Allerdings sind sie in ihrem knallbunten Aufzug binnen weniger Sekunden wieder in einer Schneewolke verschwunden, und das ist gut so, denn ihr Anblick lässt einen frösteln. Doch das Erlebnis prägt sich ein, man hat den Rest des Tages über die Unbeugsamkeit des menschlichen Geistes nachzudenken.

Noch mehr ins Frieren gerät man angesichts der Eisbadenden, hierzulande gern als *morschi*, Walrosse, bezeichnet. Sie sieht man übrigens häufiger im Fernsehen als im wirklichen Leben. Es handelt sich vielleicht

Verschneite Hügel sind in der Stadt selten, schon die kleinste Anhöhe wie am Neuen Jungfrauenkloster wird von Schlittenfahrern zur Piste gemacht

Foto: Paul Hahn

um städtische Beamte, die den fernsehguckenden Rentnern ein Beispiel für Unverzagtheit und stählernen Optimismus zu liefern haben. Vom Eisloch flüchten sie auf kürzestem Wege in die im Off geparkten Autos, ohne die wohl kaum einer von ihnen diese PR-Aktionen überleben würde.

Eigentlich ist das Eisbaden nur ein Bestandteil des Dampfbad-Rituals, der wohl esoterischsten aller winterlichen Attraktionen. Das ideale Dampfbad (Russisch: *banja*) ist direkt am Ufer eines Sees oder Flusses gelegen. Auf keinen Fall darf das Eisloch weiter als fünf Meter vom Badehaus entfernt sein, damit man hingelangt, solange der Körper noch dampft.

In dem Moment, da du in das mit Eisbrei gefüllte Loch tauchst, schleudert es dir alle noch so wichtigen Gedanken unweigerlich aus dem Kopf; nichts bleibt als der Zusammenprall einer unerhörten Glut in deinem Inneren mit der Kälte des Universums. Da letztere schnell die Oberhand gewinnt, ist nun deine Willensstärke gefragt.

Beim Klettern aus dem Eisloch lässt sich ein interessantes Experiment anstellen: Man male sich in diesen Sekunden aus, dass es hinter einem keine *banja* gäbe. Ringsum nichts als Mond und Sterne am schwarzen Himmel und der weiße Schnee. In solch einem Augenblick kannst du den wahren Ort des Menschen auf Erden erahnen – während die Füße schon dabei sind, dich zurück in die *banja* zu tragen.

Der gesellschaftliche Höhepunkt des Winters ist das Neujahrsfest. Es ähnelt Weihnachten, ist aber lediglich ein aus Sowjetzeiten überkommener Weihnachtsersatz. Kein Christkind kommt zur Welt, sondern ein fröhlicher Wonneproppen mit vierstelliger Zahl auf der Brust. Der Ärmste kann einem Leid tun: binnen zwölf Monaten wird aus ihm ein weißbärtiges so genanntes altes Jahr, das den Staffelstab der Zeit ans nächste Wickelkind übergibt.

Die Rolle des Weihnachtsmanns spielt bei uns *Ded-Moros*, zu Deutsch: Großväterchen Frost, über den allerhand Scherze kursieren – koloriert in sämtlichen Farbtönen, die der Tuschkasten der Nation zu bieten hat. Zumeist hat Großväterchen Frost in diesen Witzen ein Alkoholproblem, aber damit ist die Spannweite des Themas längst nicht erschöpft.

Dass ihm auch die zurückliegende Epoche der ursprünglichen Akkumulation des Kapitals ihren Stempel aufgedrückt hat, zeigt folgendes Beispiel: Ein kleiner Junge wacht am Neujahrsmorgen auf und sieht Großväterchen Frost still und heimlich Geschenke unter den Baum legen. „Großväterchen Frost!" ruft er ganz aufgeregt, „dich gibt es ja wirklich!" – „Ja, mein Junge", erwidert *Ded-Moros* bekümmert. „Mich gibt es wirklich. Und weil du mich gesehen hast, muss ich dich töten." – So viel zum Neujahrshumor meiner geliebten, einzigartigen Stadt.

Ein Erlebnis ist es, Neujahr in der Nähe der Kremlmauer zu verbringen. Diverse Cliquen finden sich ein, die Taschen randvoll mit chinesischer Pyrotechnik, darunter Raketen von eindrucksvoller Größe. Kaum hat es zwölf geschlagen, geht das ganze Zeug in die Luft, und obwohl die Polizei sich alle Mühe gibt, das Publikum nicht zu nahe an die Mauern heranzulassen, muss ein außenstehender Beobachter angesichts der Reichweite der chinesischen Raketen und der Ungezwungenheit der versammelten Schar den Eindruck gewinnen, der Erstürmung des Kremls durch eine zum Äußersten entschlossene, nur leider nicht ganz nüchterne Armee beizuwohnen.

Das Neujahrsfest glimmt noch die ersten zwei Januarwochen fort, wobei manches Mal, des massiven pyrotechnischen Aufwands wegen, ein schnöder Wohnungsbrand daraus wird. Und nicht immer sind es harmlose Böller, die da knallen, auch wenn derlei Fälle in den letzten Jahren deutlich seltener geworden sind und die Kriminalität nicht mehr so zügellos grassiert wie zuvor. Zwar wird es dauern, bis Moskaus Vorstädte in Ordnung gebracht sind, sein Zentrum aber unterscheidet sich von denen anderer verschneiter europäischer Hauptstädte nur noch in zwei wesentlichen Punkten: Es ist bitterkalt, und es ist maßlos teuer – was mindestens ebenso bitter ist. □

Viktor Pelewin, *geboren 1962 in Moskau ist einer der bedeutenden zeitgenössischen Schriftsteller Russlands. Sein Roman „Generation P" (Ullstein, 2002) avancierte zum Kultbuch der Nachwende-Zeit.*
Andreas Tretner *übersetzte den Text aus dem Russischen.*

Kulisse für ein Wintermärchen: Am Eingang zum Roten Platz strahlt das Auferstehungstor. In Moskaus verschneitem Zentrum fällt das Atmen leichter, das Gehen schwer

Foto: Jacques du Sordet

Russlands Rockefellers

Aus dem Bankrott des Sowjetstaats zogen Manager und Funktionäre mit guten Kontakten Profit. Zwei Dutzend Bosse teilten den Reichtum des Landes unter sich auf. Zum Geld fehlt nur noch der gute Ruf

Text: Andrzej Rybak

Pjotr Aven passt nicht in das Klischee vom neureichen Russen. Er ist weder protzig noch dumm, noch geschmacklos. Seine Manieren sind einwandfrei, er schwärmt für Musik und sympathisierte als Student mit den Hippies. Heute ist er Chef der größten russischen Privatbank und holt die Rolling Stones zu Konzerten nach Moskau. Pjotr Aven gehört zu den reichsten Männern des Landes, und er ärgert sich jeden Tag.

„Der Russe kann es nicht ertragen, wenn der Nachbar mehr besitzt als er selbst", schimpft er. „Dieser Neid motiviert ihn nicht, mehr oder besser zu arbeiten, sondern er stachelt ihn an, die Existenz des anderen zu zerstören." Immer wenn Aven sein Anwesen im Moskauer Nobelvorort Schukowka verlässt, sieht er die zwei Baracken direkt hinter dem Zaun seines gepflegten, großen Grundstücks: Überbleibsel einer alten sowjetischen Schrebergartensiedlung, zwei kleine primitiv zusammengezimmerte Datschen. Von ihren Fenstern aus können die Bewohner jede Bewegung im Garten des Millionärs beobachten.

„Ich habe den fünf Parteien, die sich die beiden Buden teilen, eine Million Dollar geboten", sagt Aven. Ohne Erfolg. Die Nachbarn lehnten wütend ab: „An dich verkaufen wir niemals".

Pjotr Aven ist einer von zwei Dutzend Finanz-Oligarchen, die von Gorbatschows Perestroika und Jelzins „demokratischer Revolution" in die Chefetagen der Russland GmbH gespült wurden. Die meisten von ihnen stammen aus Familien der Partei-Nomenklatura oder saßen selbst an den Hebeln des kommunistischen Staatsapparats. Gute Kontakte und Protektion halfen ihnen, in Russlands blutjunger Privatwirtschaft immense Vermögen anzuhäufen. Oft mit dubiosen Methoden. Männer wie Michail Chodorkowskij, Wladimir Potanin oder Wagit Alekperow wurden zu Architekten der neuen Ordnung, setzten eine betrügerische Privatisierung durch und sahen zu, wie ganze Bevölkerungsschichten ins Elend stürzten.

Der schwache, vom Zerfall bedrohte Staat ließ die Oligarchen den Haushalt ungestört plündern, die Missachtung der Gesetze wurde toleriert, Steuerhinterziehung, Bestechung von Richtern und Beamten, Betrug an ehrlichen Investoren waren an der Tagesordnung. 20 bis 40 Milliarden Dollar wurden nach dem Zerfall der Sowjetunion pro Jahr illegal aus Russland in ausländische Steuerparadiese wie Zypern oder Gibraltar transferiert. Vermögenspolster für die reichen „Neuen Russen".

Erst der Finanzkrach vom August 1998 brachte die Verhältnisse wieder halbwegs ins Lot. Die Oligarchen, die ihre Vermögen schwinden sahen, begannen, sich um internationale Anerkennung zu bemühen, sprich: seriös zu wirken und zu werden.

„Wir haben 1998 begriffen, dass es so nicht weitergehen kann", sagt Aven, der 1992 sein Amt als Minister für Außenwirtschaftsbeziehungen aufgab und wenig später bei der Alfa-Bank einstieg. Mit 500 Millionen Dollar Kundeneinlagen ist die Bank heute das größte private Kreditinstitut im Land.

Seine Freizeit verbringt der Banker gern auf dem Land. Mit größter Sorgfalt ließ er sein Anwesen renovieren, auf dem einst Alexei Tolstoi, Autor der berühmten Trilogie „Der Leidensweg" lebte. Ein britischer Hauslehrer unterrichtet die Kinder Denis und Dascha. „Es ist fast alles so wie früher", sagt der achtjährige Denis in perfektem Englisch. „Nur im Keller hat Papa einen Fitnessraum einrichten lassen."

Über Avens Einfluss im Kreml wird viel spekuliert, sicher ist, dass zwei seiner ehemaligen Mitarbeiter Schlüsselfiguren in der Mannschaft von Präsident Putin sind. Seit seiner Machtübernahme im Jahr 2000 setzt Putin auf die Entflechtung von Staat und Wirtschaft. Westliche Investoren, die 1998 in Russland um Millionen geprellt wurden, haben neues Vertrauen in die russischen Bilanzzahlen gesetzt und streiten wieder um Anteile russischer Unternehmen. „Manchmal wundert es mich", lächelt Aven, „dass die Investoren ein so kurzes Gedächtnis haben".

Zwölf bis 15 Großunternehmer beherrschen die russische Wirtschaft. Nach einem Bericht der Investmentbank UBS Brunswick Warburg halten acht Aktionärsgruppen rund 85 Pro-

Michail Chodorkowskij, 39, führt den Ölkonzern Yukos. Der Ausverkauf des Staates machte ihn zum reichsten Mann Russlands

zent der nichtstaatlichen russischen Unternehmen. Wegen der fantastischen Konzentration des Kapitals vergleichen manche Experten Russland mit Südkorea, wo wenige Konzerne riesige Holdings wie Samsung, Hyundai oder Daewoo aufbauen konnten. Mindestens sieben Russen zählen heute zu den 500 reichsten Menschen der Welt, und der reichste von ihnen ist Michail Chodorkowskij, 39 Jahre alt, Russlands Ölbaron.

Sein Konzern Yukos gehört zu den wichtigsten Unternehmen des Landes und erzielte 2001 einen Nettogewinn von etwa 3,5 Milliarden Dollar. Durch die Einführung westlicher Management-Methoden und eine transparentere Geschäftsführung hat sich der Börsenwert der Firma seit 1999 verzehnfacht. Chodorkowskij selbst besitzt 36,7 Prozent der Yukos-Aktien im Wert von etwa sieben Milliarden Dollar.

Pjotr Aven, Ex-Minister für Außenwirtschaft, leitet mit der Alfa-Bank das landesgrößte Kreditinstitut

Das größte Hindernis für den Aufstieg russischer Firmen in die Liga der Global Players ist das ramponierte Ansehen der Wirtschaftsbosse. Im Westen werden Russlands Bosse pauschal als Betrüger und Mafiosi betrachtet, nicht ohne Grund. Die ursprüngliche Akkumulation des Kapitals sei noch nirgends in gerechten Bahnen verlaufen, wehrt sich die russischen Wirtschaftselite. Am Ende habe es immer viele Verlierer gegeben – und nur wenige Gewinner. Russlands neue Reiche vergleichen sich gern mit den Wirtschaftsmagnaten der USA, mit den Vanderbilts und Rockefellers, die in der Gründungszeit ihrer Imperien bei der Wahl der Mittel nicht gerade zimperlich waren. Während im 19. Jahrhundert aber kaum jemand von deren schmutzigen Praktiken wusste, verlief Russlands Ausverkauf dank der Medienberichterstattung direkt vor den Augen der Welt. Die globale Fernsehöffentlichkeit war Zuschauer und Zeuge von Betrug und Korruption, Erpressung und Unterschlagung.

Die Rockefellers hätten drei Generationen gebraucht, um ein Imperium aufzubauen, wie es Chodorkowskij in 15 Jahren auf die Füße gestellt hat. Als stellvertretender Vorsitzender der Komsomol-Jugend nutzte er seine Parteikontakte, um mit Computerimporten und ausgeklügelten Valuta-Operationen ein Vermögen zu machen. Er gründete eine Bank und landete 1995 bei der Privatisierung des russischen Staatseigentums seinen großen Coup: Für 159 Millionen Dollar erwarb er rund 45 Prozent der Yukos-Aktien. Das Schnäppchen-Angebot gehörte zu einer Reihe von Deals, mit denen sich Präsident Jelzin die Unterstützung der Oligarchen für seine Wiederwahl sichern wollte.

Die Yukos-Firmenzentrale, früher ein streng geheimes sowjetisches Rüstungsinstitut, wirkt bieder. In Chodorkowskijs Büro hängen ein paar Bilder an der Wand, die Einrichtung ist schlicht. „Das Geld klimpert nicht in meiner Brieftasche", lächelt der Milliardär. Er besitze auch keine Villa an der französischen Riviera, und den letzten Urlaub hätten er und seine Frau in einem kleinen Hotel in Finnland verbracht. „Es waren einfach andere Zeiten damals", sagt der Ölbaron sanft. „Wir haben heute keine Skelette im Schrank." Die „ursprüngliche Akkumulation des Kapitals" sei nun vorbei.

Langsam aber sicher haben sich die Oligarchen aus der Politik zurückgezogen, sie verwenden ihre Mühe jetzt darauf, ihre angeschwärzten Westen wieder reinzuwaschen. Buchhaltungs- und Managementstrukturen werden transparenter gestaltet, flüchtiges russisches Kapital wird zurück ins Land geholt, viel Geld in die Modernisierung von Industriebetrieben investiert.

Für Imagepflege spendet Nickel-Milliardär Wladimir Potanin Millionen und posiert gerne neben Stars wie Shirley MacLaine

Russlands Regenten: Finanz-Oligarchen wie Lukoil-Chef Wagit Alekperow sind für Putins Politik die wichtigsten Partner

Nicht alle sind davon überzeugt, dass der Wandel vom gefürchteten Finanz-Oligarchen zum philantropischen Konzernchef funktioniert. „Man kann einen Wolf nicht zum Vegetarier machen", warnt die Moskauer Wirtschaftsjournalistin Larissa Latynina.

Für einen Wolf hält sich Wladimir Potanin, 42 Jahre alt, Privatvermögen 1,8 Milliarden Dollar, auf keinen Fall. Seit Jahren versucht er, sein Image aufzubessern, indem er Museen unterstützt und Studenten sponsert. 1999 zahlte seine Holding Interros 1,4 Millionen Dollar für die Restaurierung der Rostral-Säulen von St. Petersburg – die größte private Spende in Russland seit der Revolution 1917. „Fast alle großen Vermögen sind unter dubiosen Umständen entstanden", sagt Potanin selbstbewusst. „Mein Geld ist nicht anders als das der anderen."

Potanin, früher Abteilungsleiter im Außenhandelsministerium, begann seine Karriere als Kapitalist erst 1991. Die von ihm geführte Onexim-Bank wurde ausgewählt, um staatliche Haushaltsgelder und Zollkonten zu verwalten. Er wurde zum Strippenzieher des russischen Ausverkaufs, entwarf das Schema, nach dem 1995 die größten russischen Unternehmen privatisiert wurden. Der verschuldete Staat brauchte damals Geld, um Löhne und Renten zu zahlen. Die Privatbanker gewährten der Regierung Kredite, die durch riesige Aktienpakete der wertvollsten staatlichen Betriebe garantiert wurden. Als 18 Monate später die Kredite nicht getilgt waren, gingen die Anteile mit dem Segen der Regierung an die kreditgebenden Banken und damit an ihre Chefs über. Potanin konnte so für 170 Millionen Dollar 38 Prozent der weltgrößten Nickel-Schmelze im sibirischen Norilsk erwerben. Wenig später kaufte er die ausstehenden Anteile auf. Seine Bank ging zwar 1998 bankrott, doch es gelang ihm, die Kontrolle über das Kombinat in Norilsk zu behalten, das inzwischen umfassend modernisiert und eines der profitabelsten Unternehmen Russlands ist. Sein geschätzter Börsenwert: rund 4,2 Milliarden Dollar.

Andere russische Oligarchen eifern Potanin in seiner Imagepflege nach. Sie unterstützen Fußballclubs und Eishockeyteams, Theater- und Opernhäuser, Spitäler und Erholungsheime. Sie finanzieren Umweltschutzprojekte und sorgen sich um den Erhalt seltener Tiere und Pflanzen.

Besonders Moskau, Hauptstadt und Wirtschaftsmetropole des Landes, profitiert vom Engagement der Oligarchen. Graue Eintönigkeit und sozialistische Tristesse weichen modernen Büropalästen aus Glas und Beton. Den Anfang machte der halbstaatliche Gaskonzern Gasprom, der am südlichen Stadtrand einen noblen Büro- und Hotelkomplex errichtete. Auch der Ölgigant Lukoil bezog einen extravaganten Neubau am Moskauer Boulevard-Ring. Vor dem Eingang pumpt eine alte Ölpumpe Wasser in den Springbrunnen, daneben stehen Fahrzeuge aus der Pionierzeit der sibirischen Ölförderung.

Lukoil gehört zu den begehrtesten Arbeitgebern des Landes. Das Unternehmen besitzt Förderrechte in Aserbaidschan und Kasachstan, Irak, Iran und Ägypten, die höchsten Ölreserven unter allen nichtstaatlichen Konzernen der Welt, und sein Präsident Wagit Alekperow kauft Raffinerien, Chemiewerke und Tankstellennetze dazu. Als Alekperow im Herbst 2000 mit einem Schlag 1300 Tankstellen der Getty-Kette in Nordosten der USA erwarb, nannte ihn die Presse den „russischen Konquistador".

Alekperow steht an der Spitze von Lukoil, seit die Firma 1991 aus dem sowjetischen Ölkomplex als unabhängige Aktiengesellschaft ausgegliedert wurde. Das Unternehmen gehörte dem Staat, der stellvertretende Ölminister Alekperow führte die Geschäfte.

Mittlerweile haben sich die Besitzverhältnisse – nicht immer nachvollziehbar – geändert. Der Staat hält nur noch 13,5 Prozent der Aktien, Alekperow konnte dagegen seinen Anteil auf 10,4 Prozent steigern – sein Aktienpaket ist rund 1,3 Milliarden Dollar wert.

Der ehemalige Ölingenieur, 1950 in Baku geboren, kommt aus ärmlichen Verhältnissen, sein Vater starb früh. Als einen der reichsten Männer Russlands zieht es ihn heute nur selten an die Öffentlichkeit. Ohne Leibwache geht er nicht unter Leute. Dass im September 2002 sein Stellvertreter entführt und erst nach der Zahlung von sechs Millionen Dollar Lösegeld freigelassen wurde, macht ihn umso vorsichtiger. „Wir unterscheiden uns im Arbeitsstil kaum von anderen internationalen Multis", sagt der leicht angegraute Ölmilliardär. „Unter Jelzin haben wir sehr viel Zeit verloren." Und Geld gewonnen. Aber das sagt er nicht. □

Andrzej Rybak, *Jahrgang 1958, koordiniert die Osteuropa-Berichterstattung der* Financial Times Deutschland.

Der zweite Anl

Text: Irina Schedrowa

Am 5. Dezember 1931 wurde die erste Erlöser-Kathedrale auf Befehl der Sowjets in Schutt und Asche gelegt

Vom Zaren zum Lob der russischen Heimat errichtet, von Stalin gesprengt und unter Jelzin wieder aufgebaut: die Christi-Erlöser-Kathedrale ist Moskaus berühmtester Neubau. Für die einen Geschenk des Himmels, für die anderen verschwenderischer Irrsinn. Die Geschichte einer Kirche und ihrer Kopie

auf zur Ewigkeit

Foto: Anatol Goriainov

Die neue Christi-Erlöser-Kathedrale, größte Kirche Russlands, ist ein exakter Nachbau des Originals. Allerdings mit modernen Extras wie einer Tiefgarage

„Was immer die Menschen auf diesem Stück Land am Ufer der Moskwa errichten, es wird keinen Bestand haben.“ So lautet ein alter Fluch, von dem Vater Michail Rjasanzew nichts hören will. Alles Unsinn, sagt er, und er hat seine Gründe. Der wichtigste: Vater Michail steht der Christi-Erlöser-Kathedrale vor, die auf eben diesem Stück Land erbaut ist – ein gigantischer Bau mit goldenen Kuppeln, dessen trutzige Größe wie ein steinerner Anspruch auf Unvergänglichkeit wirkt. Das größte Gotteshaus der russisch-orthodoxen Kirche. Aber ausgerechnet das Schicksal dieses weißgoldenen Gemäuers zeigt: Nichts ist für die Ewigkeit und sei es noch so großartig geplant.

Dabei hatte alles hoffnungsvoll begonnen: 1812, die russischen Truppen triumphieren über Napoleons Grande Armée. Um die Stärke und Gottesfürchtigkeit des russischen Militärs zu preisen, wünscht der aufgeklärte Zar Alexander I. den Bau einer Votivkirche. Mit einem klassizistischen Komplex aus drei aufeinander gebauten Kirchen trifft der Petersburger Architekt Alexander Witberg den kaiserlichen Geschmack. Aber Witberg übersteht die Intrigen am Hofe nicht; in Ungnade gefallen wird er nach Sibirien verbannt, sein Projekt verworfen. In Russland beginnt mit Zar Nikolaus I. eine neue Zeit. Aus weltoffenem Selbstbewusstsein ist Nationalismus geworden, statt Aufklärung herrscht Reaktion. Der neue Architekt der Kathedrale, Konstantin Thon, pflegt – dem Zeitgeschmack entsprechend – den „russisch-byzantinischen“ Stil; neben dem militärischen Triumph soll das Gotteshaus nun auch nationale Werte und die Abkehr vom Westen symbolisieren.

Ein Bauplatz ist schnell gefunden: Das Gelände des Alexejewski-Klosters am Ufer der Moskwa soll geräumt, die Nonnen, die seit dem 14. Jahrhundert das Kloster unterhalten, umgesiedelt werden. Die Ordensfrauen jedoch trotzen ihrer Vertreibung, die Äbtissin kettet sich an eine Eiche, und als man sie mit Gewalt fortreißt, verflucht sie das Stück Land, auf dass nichts von Menschenhand Errichtetes hier Bestand haben möge.

Das hält den Bau nicht auf. Nach fast 50 Jahren 1883 fertiggestellt, lässt die gigantische Christi-Erlöser-Kathedrale sogar den Kreml zweitrangig erscheinen. Mit 425 Kilogramm Gold sind die Kuppeln bedeckt, die berühmtesten Künstler des Landes haben die Wände mit Szenen aus dem Leben Christi, dem Alten Testament und der russischen Geschichte bemalt. Der Bau der Superlative wird zum Wahrzeichen Moskaus und zum Symbol der orthodoxen Kirche Russlands – was später zu seinem Untergang führt.

Denn der Wind hat gedreht, wie ein Orkan wirbelt der Kommunismus das Land auf, für viele der Anbruch einer hoffnungsvollen Epoche. Auch diese Zeit will ihren Anspruch dokumentieren, mit einem Denkmal den „anbrechenden Triumph des Kommunismus“ feiern, wie es 1922 auf dem Kongress der Kommunistischen Partei heißt. Die Idee vom Palast der Räte ist geboren.

Höher als Empire State Building und Freiheitsstatue zusammen hätte der Palast der Räte im Zentrum der Stadt in den Himmel geragt. Stalin selbst soll befohlen haben, eine Leninstatue auf der Spitze des Baus einzuplanen. Rotes Licht sollte aus den Augen des steinernen Lenin über Moskau leuchten

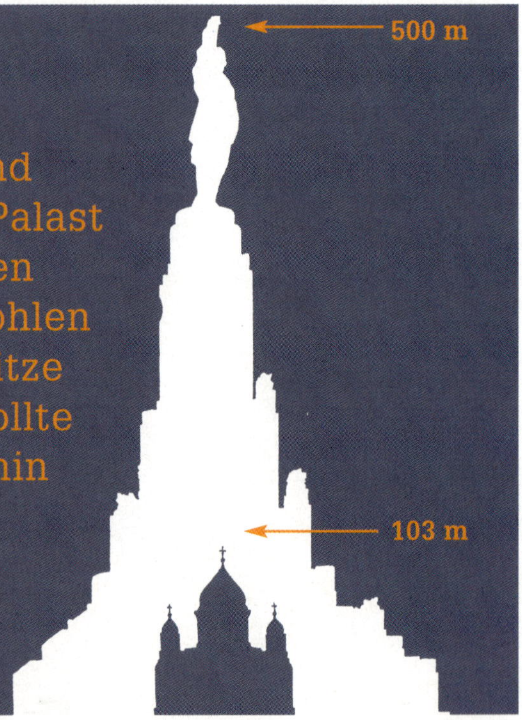

Moskau gilt als Mekka der Architekten, als im Juni 1931 eine internationale Jury die Wettbewerbsbedingungen für den Palast der Räte aufstellt. Laien und Profis, darunter Größen wie Le Corbusier und Walter Gropius, reichen mehr als 200 Projekte ein. Man bezieht sich auf Traditionelles wie den Dogenpalast in Venedig oder schlägt symbolisch den Grundriss des neues Bauwerks in Form der Sowjetunion vor. Freie Komplexe mit verschiebbaren Wänden und offenen Amphitheatern entwerfen die einen, wuchtige Festungsanlagen die anderen. Alles ist offen, alles scheint machbar.

Doch wieder ändern sich die Zeiten, Stalins Stil hinterlässt seine Spuren, nicht nur in der Architektur. Modernes und Kosmopolitisches ist nicht mehr gefragt, das neue Schlagwort heißt „Sozialistischer Realismus“: national und monumental. Am Ende wird entschieden: Ein himmelstürmender Turm soll von der Macht der Arbeiterklasse künden, höher als jedes andere Gebäude der Welt. Den sich nach oben verjüngenden Rundbau von 420 Metern Höhe soll eine 80 Meter hohe Lenin-Statue krönen, in der geplanten Kongresshalle ist Platz für 21 000 Menschen; eine gewaltige Ebene mit Aufmarschplätzen, Triumphbögen und Alleen erstreckt sich rund um den Turm.

Am 5. Dezember 1931, genau um zwölf Uhr mittags, erschüttert eine Explosion die Moskauer Innenstadt, weitere folgen. Am Ende des Tages steht die Christi-Erlöser-Kathedrale nicht mehr. Der Palast der Räte soll ihren Platz einnehmen. Aber die Arbeiten kommen nicht recht voran. Die Baustelle wird bevorzugt beliefert, bekommt

1931 begannen die Sowjets mit der Demontage der alten Kathedrale, Skupturen und Goldschmuck wurden entfernt, die Gemäuer gesprengt. An ihrem Platz sollte der Palast der Räte entstehen, gekrönt von einer 80 Meter hohen Lenin-Figur. Grundwasser und morastiger Boden ließen das Projekt scheitern. Die Baugrube wurde zum größten Freibad Europas umfunktioniert. Es blieb über 30 Jahre in Betrieb – bis zum Wiederaufbau der Kirche. Die prunkvolle Innenausstattung der neuen Kathedrale ist eine detailgetreue Rekonstruktion

Großbaustelle in Gottes Namen: Eine halbe Milliarde Dollar an Spendengeldern verschlang der Neubau an der Moskwa

eigene Maschinenfabriken und Betonwerke, Wissenschaftler forschen, wie man die besten Backsteine herstellt. Es hilft alles nichts. Statische Berechnungen gehen nicht auf, die Schweiß-und Nietverbindungen halten nicht, der Spezialstahl Marke „Palast der Sowjets" ist nicht so gut wie er sein sollte, und auch mit der Leninstatue gibt es Probleme: Weil die Wolken in einer Höhe von 250 bis 400 Metern über die Stadt ziehen, werden vom Führer der Revolution die meiste Zeit des Jahres nur Hemd und Hose zu sehen sein.

Allmählich wird klar: Der Bau kann nicht funktionieren. Nur ist es nicht die Zeit, Fehler einzugestehen, jedenfalls nicht, wenn man nicht im Gulag enden will. Erst der Kriegsbeginn 1941 beendet die Bauarbeiten endgültig. Die Stahlträger des Palastes werden zu Panzern verarbeitet.

Die Idee vom Palast der Räte flackert auch nach dem Krieg noch auf, doch mit Stalins Tod sind auch dessen gigantomane Projekte passé. Moskau braucht Wohnungen, keine Paläste. Am Ende bleibt eine gewaltige Baugrube im Herzen der Stadt, in der 1960 das Schwimmbad „Moskwa" eröffnet wird, das größte Freibad Europas. 15 000 Menschen kommen täglich, selbst im Winter wird die Wassertemperatur auf konstant 27 Grad gehalten.

30 Jahre nach der Eröffnung des Freibads steht eine neue Zeitenwende an. Im Kreml werden aus Parteichefs Präsidenten. Unter Boris Jelzin gilt es wieder als schick, Gottesgläubigkeit zu demonstrieren. Die Idee vom Wiederaufbau der Christi-Erlöser-Kathedrale liegt auf der Hand, zumal die russisch-orthodoxe Kirche die Idee genauso unterstützt wie Jurij Luschkow, der vom Moskauer Bürgermeister zum russischen Präsidenten aufsteigen will.

Die Worte der Äbtissin bewahrheiten sich ein drittes Mal: 1993 wird das Freibad geschlossen, um Platz für die zweite Christi-Erlöser-Kathedrale zu machen. Ihr Bau wird zu einem Akt der Läuterung und Buße stilisiert, zum Herzenswunsch des russischen Volkes, das deshalb auch die Finanzierung auf sich nimmt und dabei tief in die Tasche greifen muss: Die geschätzten Baukosten betragen etwa eine halbe Milliarde US-Dollar. Millionen von Moskauern stecken ihr Scherflein in die Sammelbüchsen, doch die maßgeblichen Geldgeber sitzen in Vorstandszimmern und Chefetagen: Der russische Gaskonzern Gasprom, die Moskauer Stadtregierung, die englische Firma Bovis und die Siemens AG – sie alle werden auf den Marmortafeln am unteren Eingang der Kapelle eingraviert, als Dank für ihre Gaben.

Über die Freiwilligkeit der Spenden wird bis heute spekuliert. Sergej Semenenko vom Unterstützungsfonds der Kirche äußert sich dazu lieber leicht verklausuliert, wenn er sagt, dass es genügend große Unternehmen gab, „die durchaus Schritte unternommen haben, um eine freundliche Stimmung im Bürgermeisteramt herzustellen".

Plötzliche Schwierigkeiten mit dem Zoll, der Steuerfahndung und anderen Behörden hätten aber nie etwas mit mangelnder Spendenbereitschaft zu tun gehabt, beteuert Semenenko. Allerdings sei es oft zu einer vom Spender gewünschten Verabredung gekommen: „Wir geben was, und ihr sagt es dem Bürgermeister."

Am 7. Januar 2000 wird der erste Weihnachtsgottesdienst in der neuen Christi-Erlöser-Kathedrale gefeiert.

Die orthodoxe Messe findet in einem riesigen Neubau statt, der dem historischem Vorbild detailgetreu nachgebildet ist. Die Motive der 23 000 Quadratmeter Wandgemälde, der Skulpturen und Reliefs sind die gleichen wie einst, rekonstruiert nach Fotos und Relikten der alten Kathedrale, die im Moskauer Donskoi-Kloster lagern.

Nur technisch ist das neue Gotteshaus seinem Vorgängermodell überlegen. Es gibt Fahrstühle, elektrisches Licht und Klimaanlage. Statt das Dach wie früher mit echtem Gold zu überziehen, bestehen die fünf Kuppeln aus rostfreiem Stahl, der mit Gold und einer Nitrid-Titan-Verbindung überstäubt wurde. Das soll wetterfester sein und außerdem günstiger: Statt 425 brauchte man für die Kuppeln nur zehn Kilogramm Gold – und für die Dekoration der Innenräume noch einmal 14 Kilogramm.

Die Stadt Moskau stellt zwei Drittel des Jahresbudgets der Kathedrale, 30 Millionen Rubel müssen die Gottesmänner selbst verdienen. Sie tun es mit einer Tiefgarage und einer Autowaschanlage im Kirchenkeller, mit der Ausrichtung von Banketten und der Vermietung ihres pompösen Versammlungssaales unterhalb des Gotteshauses.

In der Kathedrale blicken die Heiligen hell von den Wänden, für Mystik und Geheimnis ist wenig Platz in der neuen goldfunkelnden Halle. Inzwischen hat Weihrauch den Geruch von frischer Farbe verdrängt, und während der Sonntagsmesse strahlen Tausende von Glühbirnen – minutiös aufeinander abgestimmt wie in einer Broadway-Show. Die Christi-Erlöser-Kathedrale ist eine technisch perfektionierte Kopie ihrer selbst: Las Vegas mit Ikonostase. Behält die Äbtissin unter der Eiche recht, dann wird auch dieser Bau nicht ewig stehen. □

Irina Schedrowa *schrieb auch über das Troja-Gold, s. S. 52*

MERIAN - INFO Christi-Erlöser-Kathedrale

Die 1994-1997 wieder aufgebaute Christi-Erlöser-Kathedrale ist die größte orthodoxe Kirche Russlands. Sie hat eine Grundfläche von 9000 Quadratmetern und Platz für mehr als 10 000 Menschen. Im Untergeschoss der Kirche informiert eine Ausstellung über die Geschichte der Kathedrale. **Ul. Wolchonka 15, Metro Kropotkinskaja, tgl. 8-20 Uhr, Eintritt frei**

Meine Schwester und ihre Welt

Der Vater hinterließ eine Reihe von Töchtern, über Grenzen und Generationen verteilt. Die Schriftstellerin Lena Kugler traf ihre Familie in Moskau: Ein deutsch-russisches Wiedersehen

Im August?", hatte meine Schwester ungläubig gefragt und uns erst später, als sie wie wir mit einem Koffer in der Hand da stand, erklärt, dass sie den Sommer wie jedes Jahr auf der Datscha verbrachte und Moskau den Touristen und den armen Teufeln überließ, die es sich nicht leisten konnten, der Hitze und dem Smog, dem Gedränge und dem Lärm zu entkommen.

Meine Schwester erklärte uns das und stellte den Koffer, der sie selbst zu einer Art Touristin machte, mit einem lauten Poltern ab, bevor sie uns umarmte, herzlich und fest, nicht nur mich, sondern auch meine Mutter, die

sie heute zum ersten Mal traf. Und meine Mutter errötete und schlang dann ihrerseits den linken Arm um meine Schwester, und mit dem rechten ruckte sie nach oben, denn ihre Tasche hing schon in der Beuge und drohte, weiter abzugleiten mit ihrem Portemonnaie, dem Päckchen Zigaretten und dem kleinen Schweizer Taschenmesser, mit dem sie Äpfel präzise vierteln und entkernen kann und ohne das sie nie das Haus verlassen würde.

Meine Schwester, schon ganz weißhaarig, ist nur wenige Jahre jünger als meine Mutter. Die Tochter meiner Schwester ist zwei Jahre älter als ich. Und ihre Tochter wurde zwei Jahre nach meiner geboren. Über unseren Vater, der allein Schuld hat an der über Ländergrenzen gestolperten Reihe von Schwestern, an der verschobenen Zeit ihrer Töchter, sprechen wir nicht.

Seitdem er tot ist, sind die Familienverhältnisse weiblich und im Grunde gesichert, und wir beide haben Fotos eingepackt und Spielzeug, das wir uns später schenken werden, und jede bringt eine Mutter mit in die Stadt, nachdem wir uns unsere Töchter schon vor ein paar Jahren zeigten.

Es ist der heißeste Sommer seit 1850. Am Stadtrand brennt der Wald, doch in der Innenstadt riecht es nur leicht verbrannt. Und Regen wird erwartet. Wir schauen hoch. Und sehen keine Wolke.

Und trotzdem wird mit jeder Stufe die Luft jetzt kälter, als bewegten wir uns in ein Kühlhaus und nicht hinauf ins Restaurant, das meine Schwester als Kompromiss vorschlug, weil meine Mutter wieder ins Hotel und ich noch draußen bleiben wollte. Ein Restaurant, in dem sie selbst noch gar nicht war, wie sie mir zuraunt, als ein Mann in schwarzem Anzug, Spiegelsonnenbrille im Gesicht, in unsere Taschen sieht und trotzdem nicht das Messer meiner Mutter findet. Der wiederum schien der Name dieses Restaurants etwas gesagt zu haben, denn sie stimmte, was ihr gar nicht ähnlich sieht, dem Vorschlag sofort zu und ist die erste, die dem Ober durch die hohen Flügeltüren folgt.

Wir laufen lautlos über einen grüngoldenen Teppich, vorbei an einer riesigen Marmormuse, die ihre schweren Flügel beängstigend vornüberspreizt, zu einem Tisch, wo zwei weitere Kellner auf uns warten. Sie reichen uns die Karten und ziehen sich eilig zurück an die gegenüberliegende Wand. Aus der Entfernung und hinter dem Unschärfeschatten ihrer Atemwolken kaum zu erkennen, bewegen sich lediglich leicht ihre Münder, während sie starr auf uns blicken. Wir sind die einzigen Gäste.

Etwas kühl", sagt meine Schwester und lacht nervös auf. Mit dem Zeigefinger tippt sie an die Serviette, die als Krone vor ihr auf dem Teller steht. Und umkippt. Sie zieht die Hand zurück und legt sie brav gefaltet auf ihren Schoß. „Etwas kühl", sagt sie nochmals, zu meiner Mutter gewandt, die schon eine Zigarette angezündet hat. Meine Schwester fragt mit dünner Stimme, ob wir nicht gehen sollten. Sie sagt, sie wisse selber nicht, wie sie auf dieses Restaurant gekommen sei, doch meine Mutter hebt die Hände, nein, nein, es sei hier durchaus angenehm, so frisch, das täte richtig gut, und schnippt die Zigarette hoch über dem goldverzierten Aschenbecher ab. Die Asche landet größtenteils auf dem Tischtuch.

Ich sage, dass es nicht frisch, sondern saukalt sei und halte meiner Mutter die gänsehautgenoppten Arme hin, aber sie winkt schon, um zu bestellen. Ich reiße schlechte Witze. Auf der Karte fehlten die Jacken, die Schals und Fäustlinge, die sie hier dringend reichen sollten. Niemand lacht. Wir fangen an zu essen.

Meine Mutter schaut stur auf ihren Teller, meine Schwester blickt sich im Saal um. Grün. Gold. Stuck und antikelnde Büsten. Ein angestrahlter Springbrunnen, der bei den Temperaturen sicher nicht mehr lange fließen wird. Ich frage nach ihrer Arbeit. Wie sie läuft. Ob sie gefällt. Ich weiß, dass

meine Schwester, um auf die Enkeltochter aufzupassen, seit neuestem in Heimarbeit Programme für ein Pharmaunternehmen schreibt. Dass ihre Tochter Englisch unterrichtet. „*Normalno*“, sagt sie. Das scheint „gut“ zu heißen. Ich frage, ob es in der Schule, in der ihre Tochter unterrichte, auch Zahlungsschwierigkeiten gebe. Man lese immer wieder davon. Nein, antwortet sie, die Schule sei zum Glück privat.

Um meiner Schwester zu gefallen, erzähle ich, was gar nicht stimmt, dass ich wie ihre Tochter auch Anglistik studieren wollte. „Geschichte“, korrigiert mich meine Schwester. „Studiert hat sie Geschichte. Sie unterrichtet Englisch bloß.“ – Sie fragt, wie ich das Essen fände. „Normalno“, sage ich. Als der Kellner wieder kommt, frage ich, ob es erlaubt sei, die Fenster zu öffnen. Ist es nicht. Wegen der Klimaanlage.

Auf dem Klo ist es vergleichsweise warm. Ich ducke mich unter den Handfön. In Gedanken lege ich mir schon die Vorwürfe zurecht, die ich meiner Mutter an den Kopf werfen werde, aber als ich zurück an den Tisch komme, sitzen sie und meine Schwester eng nebeneinander und haben ihre nackten Arme in das über den Rand hängende Tischtuch gewickelt. Ich setze mich daneben, decke mich notdürftig mit meiner Serviette zu und versuche zu verstehen, was sie in einem schnellen Russisch sprechen.

Ich verstehe: Wahlen, Krankenhäuser, Zeitungslandschaft. Des Weiteren: Terror, Weltwirtschaft, Weltliteratur. Dann (als säße ich nicht da): Töchter. Und schließlich (lange), je nachdem, wer spricht: ‚Mutter‘, beziehungsweise ‚sie‘. Und ich erfahre, dass die Mutter meiner Schwester, nachdem mein Vater sie verlassen hatte, als Übersetzerin zum Radio kam, dort blieb und auf demselben Prospekt wie Breschnew, nur ein paar Häuser weiter, eine Wohnung bekam. Dort lebt sie immer noch.

Als der Ober die Rechnung bringt, schaue ich weg, bevor ich sehen kann, wem er sie reicht. Die Frauen streiten, weil jede bezahlen will. Ich gehe vor zur Marmormuse und überlege, wann sie denn endlich auf die Nase fällt.

„Ihr wart im Praga essen?“ fragt uns die Mutter meiner Schwester und sagt, dass dort die Hochzeitsfeier stattfand von ihr und ihrem Mann. Bevor er in den Westen ging – sie sagt nicht „floh“ – und der von meiner Mutter wurde. Meine Mutter lächelt angestrengt, doch überhaupt nicht überrascht, und schaut sich Fotos mit ihr an. Am Abend sind sie sich einig, dass sie Tolstoi vor Dostojewskij schätzen. – Über Geschmack und Ohrfeigen lässt sich nicht streiten, sagte mein Vater oft und hat mich damit stark beeindruckt, weil ich die Ohrfeigen nach dem Geschmack so rätselhaft und unverständlich fand.

Meine Schwester und ich fahren zur Datscha hinaus. Im Kofferraum stehen ein Dutzend Wasserkanister. Sie traut der Grundwasserqualität dort nicht. In den Kurven schwappt das Wasser laut gegen die Plastikwände der Behälter, als säßen wir in einem Boot und rudern hinaus aufs Meer, dabei fahren wir immer tiefer in den Wald hinein. Die Wege führen an einigen hübschen Sommerhäusern vorbei. Bilderbuchdatschen mit sonnengesprenkelten Holzdächern. Je weiter wir fahren, desto häufiger ragen hinter Stacheldrahtzäunen und scherbenbelegten Mauerrändern wuchtige Giebel und Erker empor, lauter plump geschrumpfte Schlösser. Meine Schwester fährt Zickzack, um die Schlaglöcher zu umkurven. Früher, so sagt sie, sei die Straße sehr gut gewesen. Beschädigt hätten sie erst die Baulastwagen und Kräne. Mit jedem Palast, den sie bauten, werde die Straße nun schlechter, was die Palastbesitzer aber keineswegs störe. Die führen ihre Geländewagen hier spazieren.

Die Datscha meiner Schwester hat eine blaue Holzveranda. Durch das Glasmosaik der oberen Fensterreihe fällt in jedes Zimmer unterschiedlich farbiges Licht. Im Raum, wo die Wasserkanister stehen, schillert es grün über den blauen Plastikbehältern.

Ich spiele mit der Enkeltochter meiner Schwester, und als die Kleine müde wird und einschläft, sitze ich mit ihrer Mutter auf der Veranda. „Ich hasse es hier“, sagt meine Nichte und schnippt die Kippe in den Garten, wo meine Schwester statt Gemüse riesige Blumenstauden wachsen lässt. „Im Frühjahr, wenn ich weiß, dass ich im Sommer wie jedes Jahr hierher muss, werde ich schon depressiv. Es ist das beste für das Kind, sagt meine Mutter. In Wirklichkeit ist es unendlich langweilig, weil einfach nichts passiert. Höchstens, dass einer auch mit Allradantrieb nicht aus dem Graben kommt, zu hupen anfängt und nach Hilfe ruft.“

Zurück in Moskau, kurz vor der Rückfahrt nach Hause, besuche ich mit meiner Schwester und meiner Mutter das Lenin-Mausoleum. Wir stolpern die stockdunkle Treppe herab und laufen unerlaubterweise zu dritt und nicht in Zweierreihen vorbei am aufgebahrten Leichnam. Lenin liegt eingesunken, fast völlig platt, hinter dem Panzerglas. Wie eine dieser teuren Ökopuppen, die nur aus einer Ecke Stoff und einer fransenbeklebten Holzkugel bestehen.

Wieder draußen, auf dem Roten Platz, sitzen wir in der Sonne und denken laut über ein Wiedersehen in Deutschland nach. Meine Mutter kramt nach dem Schweizer Taschenmesser und schneidet einen Apfel auf. „Als ich das letzte Mal hier war, war er noch nicht so flach. Fast wie Papier. Bis auf den Kopf.“ Sie drückt uns Apfelschnitzen in die Hand. □

Lena Kugler, *geboren 1974, lebt in Konstanz am Bodensee. Ihr Debütroman „Wie viele Züge“ erschien 2001 im Fischer Taschenbuch Verlag.*

In der Pose des Meisters zeigt sich Surab Zereteli mit Lust. Fernsehteams hat Luschkows Lieblingskünstler gern zu Gast. Sein Talent zur Selbstvermarktung ist, anders als sein Kunstverstand, unumstritten

Der Maler und Bildhauer Surab Zereteli hat einen sehr eigenen Stil und einen guten Freund: Moskaus Bürgermeister Jurij Luschkow. Weil der Zeretelis Werke so mag, stößt man überall in der Stadt auf des Meisters Objekte. Dass die Bürger seine Statuen am liebsten in die Luft sprengen würden, stört den Künstler nicht weiter. Hauptsache, der Ruhm wächst und der Rubel rollt

Ein Mann der großen Werke

Text: Boris Reitschuster, Fotos:Olaf Martens

Große Gesten, imposante Kunst: Den Aufgang zu seinem Atelier in der ehemaligen deutschen Botschaft verzierte Zereteli mit einer steinernen Parade russischer Adliger

Präsente für die Mächtigen liegen fertig auf Halde

Freundschaftsbeweis: Auf Wunsch des Bürgermeisters entsteht im Moskauer Zentrum eine eigens Zereteli gewidmete Kunstgalerie

Das Depot des Meisters: Massen von bronzenen Abgüssen lagern auf dem Hof des Ateliers. Zereteli ist dafür bekannt, dass er sich selbst gern zitiert

Auch große Künstler stolpern zuweilen über Kleinigkeiten. Ein missfälliges Raunen ging durch das Publikum, als Surab Zereteli im Herbst 2002 vor dem Haus des Künstlerverbandes in Moskau seine neueste Skulptur enthüllte – einen heiligen Georg, der statt mit einem Drachen gegen Raketen kämpft – Symbol für das Ende des Kalten Krieges.

Stein des Anstoßes war nicht, dass Zereteli wieder einmal bei sich selbst gestohlen hatte: Die gleiche Skulptur steht schon vor der UNO in New York. Peinlich war nur, dass er beim Kopieren ein Detail übersehen hatte: Im Kampf gegen das Böse sticht der Reiter mit seiner Lanze nicht auf eine amerikanische, sondern auf eine russische Rakete. Kam die Schmeichelei bei den Amerikanern sicher gut an, sorgte sie im heimischen Moskau für verärgertes Kopfschütteln.

Doch dem Bildhauer georgischer Abstammung können solche Missgeschicke nicht gefährlich werden: Zu eng ist die Freundschaft zwischen ihm und Moskaus Stadtoberhaupt Jurij Luschkow. Der millionenschwere Künstler, 68 Jahre alt, gebietet über ein Wirtschaftsimperium aus Gießereien und Werkstätten. Galt der Sohn eines Ingenieurs an der Kunstakademie im heimischen Tiflis noch als „mäßig begabt", so half ihm ein Erbe aus Frankreich, um das sich viele Fragen ranken, bald künstlerisch auf die Sprünge. Mit dem nötigen Kapital und seinem Instinkt, immer das zu tun, was die Mächtigen wünschen, fiel der ebenso kontakt- wie trinkfreudige Georgier bald auch den Greisen im Moskauer Politbüro auf – und verlegte sein Schaffen mehr und mehr in die Hauptstadt.

An der Moskwa traf er sein Alter Ego Luschkow: Das Kunstverständnis des 66-jährigen Bürgermeisters, geformt in seiner Kindheit und geeicht vor allem auf die glänzenden Einwickelpapierchen des Schokoladenkonfekts Marke „Märchen Puschkins", fand in dem bombastischen und größenverliebten Stil Zeretelis endlich den gebührenden Maßstab. Eine Männerfreundschaft war geboren.

Seit der hemdsärmlige Luschkow im Rathaus regiert, ist kaum ein Spaziergang durch das Stadtzentrum möglich, ohne auf die Spuren von Zeretelis Schaffen zu stoßen. Kritiker klagen, Zereteli habe ein Monopol auf die Verschandlung der russischen Kapitale.

Bei der Wiedererrichtung der Erlöserkathedrale hatte er ebenso die künstlerische Leitung wie bei der Neugestaltung des Zoos und der Schaffung eines unterirdischen Einkaufszentrums am Platz der Manege vor dem Kreml. Als die Miet-Kalkulationen des neuen Einkaufszentrums nicht mehr aufgingen, entschied Zereteli zum Entsetzen der Denkmalschützer, einfach noch ein Stockwerk draufzusetzen. Nicht nur der Platz verlor sein historisches Gesicht, auch die benachbarte Kreml-Mauer gab unter dem Druck der Bauarbeiten nach. Der Weg zum Grabmal des unbekannten Soldaten, für Hochzeitspaare wie Veteranen ein geschichtsträchtiges Muss, führt nun vorbei an einer Kitsch-Parade Zeretelischer Bade-Enten, pausbäckiger Bären und edler Jungfrauen.

Hinter dem Moskauer Triumphbogen errichtete der Bildhauer einen Siegespark mit einem über 140 Meter hohen Mast. Ganz oben spielen Engel Trompete, die dank ihrer verqueren Haltung schnell als „Filzläuse" verschrien waren. Als unbestrittene Krönung seines Schaffens gilt jedoch die gigantische Statue Peters des Großen. Stoßen auch Zeretelis andere Werke nicht auf Anerkennung, so löste der Zar, den der Meister seltsamerweise in eine römische Legionärs-Uniform steckte, sogar Demonstrationen, Unterschriftensammlungen und eine Bombendrohung aus.

Das Ungetüm zu Ehren des Zaren erinnert an gigantischen Touristen-Kitsch aus Plastik. 60 Meter hoch ragt das Monument ungelenk aus den Wogen der Moskwa, auf einem Segelboot, verunstaltet mit allerlei Fahnen und Gedöns. Noch dazu kommt, dass Zar Peter in Moskau ohnehin nie sonderlich wohlgelitten war – nahm er der Metropole doch einst die Hauptstadt-Ehre.

Die Moskauer finden denn auch Trost an dem Gerücht, Zeretelis Peter sei in ein Wirklichkeit eine von seinen zahllosen Kolumbus-Statuen: Ein Monument, das Zereteli der Stadt New York schenken wollte – und das er hastig zum russischen Zaren ummodelte, als die Amerikaner das Geschenk dankend ablehnten.

Selbst Ex-Präsident Boris Jelzin soll heftig erschrocken sein, als er das Ungetüm in Sichtweite des Kremls entdeckte. Doch weder Präsidenten-Zorn noch Bürgerprotest bremsten den gewaltigen Schaffensdrang Zeretelis, der angeblich 450 Bildhauer, Graveure, Formgießer und Ingenieure für sich arbeiten lässt.

Einem Feudalfürsten gleich duldet Bürgermeister Luschkow in „seinem" Moskau keine Widerrede. Er hält sich nicht nur für den besten Regenten, sondern auch für den besten Kunstkenner der Stadt. „Das Problem ist nicht Luschkows schlechter Geschmack, den haben andere Bürgermeister auch", klagt der Moskauer Galerist Marat Gelman: „Aber bei anderen Bürgermeistern hängt von ihrem Geschmack nur ab, was bei ihnen zu Hause im Schlafzimmer hängt. Nur bei uns entscheidet das Stadtoberhaupt alles allein – wie im Mittelalter. Doch damals waren die Regenten aufgeklärt und das Volk ungebildet. Bei Luschkow ist es umgekehrt."

Auch wenn Zeretelis Werk zum historischen Charakter Moskaus passt wie ein Abziehbildchen in den Pariser Louvre: Die Mehrzahl der Moskauer ist zu sehr mit dem täglichen Kampf ums Überleben beschäftigt, um über Kunstgeschmack zu streiten.

Die bizarre Statue Peters des Großen war ein Schock für die Bürger. Seit der ersten Bombendrohung steht die Polizei Wache

Öffentliche Ausschreibungen und Wettbewerbe mit fairer Jury sind Luschkow wie viele demokratische Traditionen ein Graus – wozu auch, hat er doch Zereteli. Der Meister hat seinen Geschmack ganz auf seinen Bürgermeister abgerichtet, ihn sogar selbst zum Gegenstand seines Werks gemacht. In Skulpturen verewigte er Luschkow als Hausmeister mit Schürze und als Tennisspieler in kurzen Hosen.

Geschenke dieser Art waren schon zu Breschnews Zeiten Zeretelis Spezialität. Von George Bush über Bill Clinton bis hin zu Boris Jelzin – wer immer etwas zu sagen hat, darf bald auch ein Werk Zeretelis sein eigen nennen. Anders als in Sachen Kunst spricht dem Maestro im Bereich gekonnter Selbstvermarktung niemand sein Genie ab. Rund 5000 Bilder soll er für alle Verschenk-Fälle auf Lager haben, deponiert in seinem Moskauer Prachtbau – der ehemaligen deutschen Botschaft, die ihm der Staat für seine Verdienste überließ.

Böse Zungen behaupten, bei der Freundschaft zwischen Luschkow und Zereteli stehe nicht nur die Muse, sondern auch schnöder Mammon im Vordergrund. So schenkte der Künstler im Namen Russlands 1994 der Stadt Sevilla eine gewaltige Kolumbus-Skulptur. 6700 Tonnen Kupfer, 600

Der Mäzen des Maestro: Jurij Luschkow teilt Zeretelis Drang zum Monumentalen

Tonnen Bronze, 18 Tonnen Elektroden und jede Menge anderes edles Metall durfte Zereteli dazu per Regierungserlass zollfrei und damit zu Spottpreisen ausführen. Kein anderer als Luschkow hatte sich persönlich für das Werk im Dienste der Völkerfreundschaft eingesetzt. Selbst die Eisenbahn klagte, dass sie das Edelmetall auf Wunsch von oben zum Spottpreis transportieren muss.

Nachforschungen von Journalisten ergaben später, dass der Kolumbus nur 476 Tonnen schwer war – und mithin tausende Tonnen Edelmetall im Wert von mehreren Millionen Dollar verschwunden waren. Aufgetaucht war dafür Presseberichten zufolge ein Grundstück in Spanien, eingetragen auf Luschkows Namen. Die Wissbegierde der Moskauer Staatsanwaltschaft hielt sich jedoch in Grenzen – alle Ermittlungen verliefen im Sande. Als verschollen gelten auch 2000 Tonnen Kupfer für Zeretelis gescheitertes Kolumbus-Projekt in New York.

Während Bürgermeister Luschkow bereits mehrere Prozesse gegen Kritiker gewann, die ihm Mafia-Verbindungen nachsagten, sieht Zereteli Kritik gelassener. Er hält sich an eine Weisheit, die ihm einst Salvador Dalí anvertraute: Das Schlimmste, was einem Künstler passieren könne, ist, dass er nicht mehr kritisiert wird.

Lautstark denkt der Maestro nun darüber nach, Präsident Wladimir Putin in Stein zu hauen, weil der sich „so interessant bewegt“. Doch im Kreml bleibt Zeretelis Wink mit dem Zaunpfahl ungehört. Putin und seine Getreuen stammen aus Russlands Kulturmetropole St. Petersburg: „Sie sind gegen das Zereteli-Virus geimpft“, verrät ein Kreml-Insider.

Angesichts solcher Ignoranz seitens der irdischen Macht setzt der Maestro jetzt auf höhere Sphären. Im Westen der Stadt will er mit zwei Geschäftsleuten einen „Bibelpark“ errichten: ein Jesus-Disneyland à la Zereteli. Das Angebot in dem „Mini-Palästina“ soll von einem künstlichen See Genezareth über Kopien der wichtigsten biblischen Heiligtümer bis hin zu Multimedia-Shows und Abendmahl-Gerichten im Park-Restaurant reichen. Am Eingang wird die Besucher ein stilisiertes Rotes Meer erwarten, das sich wie in der Bibel vor ihnen teilt.

Praktischerweise hat noch Präsident Jelzin das Gelände kostenlos zur Verfügung gestellt – schließlich geht es um das Allgemeinwohl. Zumindest das Gros der Moskauer Bürgerschaft ist erleichtert über die neuen Pläne: Bis der Meister die 32 Hektar mit heiligen Stätten und Skulpturen gefüllt hat, gilt in Moskaus historischem Zentrum Zereteli-Entwarnung. □

Boris Reitschuster, *geboren 1971, ist Korrespondent des* Focus *in Moskau. Auf Zeretelis Werk stößt er fast täglich und erlebt jede Begegnung als eine visuelle Herausforderung.*
Olaf Martens, *geboren 1963, lebt als freier Fotograf in Leipzig und St. Petersburg. Ihn verblüffte die enorme Produktivität von Zeretelis Kunstfabrik.*

MERIAN Zeretelis Werk

Die **Statue Peters des Großen** an der Moskwa sieht man am besten von der Erlöserkathedrale (Metro Kropotkinskaja). Zeretelis Faible für pompösen Kitsch zeigt die Dekoration des **Einkaufszentrums Ochotnyj Rjad** am Platz der Manege (Metro Ochotnyj Rjad). Zum Gedenken an den Zweiten Weltkrieg entwarf er für den Siegespark einen von Engeln gekrönten **Obelisken** (Metro Kutusowskaja). Die Höhe von 141,8 Metern soll an die 1418 Tage Krieg erinnern.

Gott dienen und

Die russisch-orthodoxe Kirche weiht Autos und gibt Atomwaffen ihren Segen. Ganz unorthodox werden so Gotteshäuser finanziert. Im Kloster von Sergijew Posad redet niemand gern über Geld. Priester ziehen Kinder zu Soldaten heran. Bei den Gläubigen wecken sie die Hoffnung auf Gnade

Text: Bettina Sengling, Fotos: Nikolai Ignatiev

verdienen

Gegen böse Geister geht Priester German mit Weihwasser an. Seit mehr als 20 Jahren arbeitet er als Exorzist im Dreifaltigkeits-Sergius-Kloster

Beim Glockenläuten wechseln sich die Mönche jeden Samstag und Sonntag ab. Die größte der bronzenen Glocken wiegt über 35 Tonnen. Eine noch größere Glocke ist schon in Auftrag gegeben

Die heilige Quelle auf dem Klostergelände zieht die Gläubigen massenhaft an. Viele von ihnen füllen sich das Wasser in großen Vorräten ab, voller Gottvertrauen auf dessen heilende Kraft

Voller Ergebenheit küssen die Frauen das Kreuz des Priesters in der Mariä-Entschlafens-Kathedrale. Jede Messe verlangt Standvermögen, Bänke gibt es nicht, und die Liturgie dauert Stunden

Als Aushängeschild der Orthodoxie wurde das Dreifaltigkeits-Sergius-Kloster noch unter Stalin wiedereröffnet. Damals wie heute pilgern Christen aus ganz Russland nach Sergijew Posad

Zwischen Beten und Arbeiten liegt der Gang zum Essen ins Refektorium. Tagsüber hat jeder seine Aufgabe, der Novize Andrej malt Ikonen, die das Kloster später an Gläubige und Touristen verkauft.

Die Dämonen kommen, wenn Gott straft. Sie beißen sich in den Körper. Bohren den Schmerz in Leber und Niere. Machen das Herz krank, legen Traurigkeit auf die Seele, quälen den Magen. Weil Gott immer straft, wenn er Sünde sieht, hat Priester German viel zu tun. Der Dreck, sagt er, lauert überall. Selbst in Zeichentrickfilmen im Fernsehen und in der Ehe ohne kirchliche Trauung. Wer den Dämonen trotzen will, darf seinen Schutzengel nicht mit Sünden verärgern.

Priester German muss es wissen. Er verjagt die bösen Geister. Das ist eine besondere Begabung und eine schwere Aufgabe. Ist der Dämon erst da, will er nicht wieder weg. Im Halbdunkel der Kapelle, vor den goldglänzenden Ikonen, beschwört Priester German seine Gebete. Ein schwieriges Geschäft. Er benutzt Öl und Weihwasser. Das wirkt oft. Er sah, wie sich Frauen auf dem Boden wälzten, im Kampf mit den Dämonen. Kinder schrien wie Tiere, Männer spuckten und prügelten und traten. Manchmal, wenn Verzweifelte über besessene Angehörige klagen, rät der Priester: „Fesselt sie, legt Handschellen an, bringt sie hierher. Zu mir wurden schon Männer in Ketten geschleppt. Brav wie die Lämmer gingen sie zurück."

Vater German ist ein alter Mann mit hagerem Gesicht und langem grauen Bart, und wenn er von den Geistern spricht, dann bebt seine Stimme vor Zorn und Leidenschaft. Seit 20 Jahren ist er ein Teufelsaustreiber. Jeden Tag empfängt er Besucher in einer kleinen Kapelle direkt am Haupteingang des Heiligen Dreifaltigkeits-Sergius-Klosters in Sergijew Posad. Menschen aus ganz Russland kommen zu ihm. Viele von ihnen haben für die Reise gespart, sind tagelang mit Bus oder Zug zu ihm gereist.

Kaum ein Mönch ist so beliebt wie Priester German. „Ich habe wahrscheinlich schon eine Million Gläubige bei mir gesehen", sagt er. „Sie kommen zu mir, wo immer ich bin." Die Welt, von der er spricht, ist schauerlich, dunkel und grausam, voller falscher Verlockungen, eine Vorhölle voller Gefahren, stets bedroht vom Antichrist. Doch es gibt Regeln in dieser Welt, und im komplizierten Alltag Russlands ist das schon eine Menge. Wer ihnen folgt, dem winkt das Paradies, auch wenn das Geld heute nicht einmal für ein neues Paar Stiefel reicht.

Einen anderen Lohn gibt das Kloster dem Gläubigen sofort: Schönheit. Draußen, vor den Toren des Klosters, liegt die Welt in hundert Grautönen da. Drinnen ist jeder Tag ein Fest. Kuppeln blitzen, die Farbe auf den Gemäuern strahlt hellblau und grün, das Weiß ist rein wie frische Sahne. In den neun Kirchen könnte jederzeit Weihnachten sein. Kerzen knistern. Golden funkeln die Ikonenwände, die tausend Steinchen im Mosaik der Mutter Gottes, die filigranen Lüster, die Gewänder der Priester. Die Luft duftet schwer nach Weihrauch und Wachs. Und manchmal glänzt selbst das Licht, als sei es aus Gold.

Dem Dreifaltigkeits-Sergius-Kloster, 70 Kilometer von Moskau entfernt, gebühren Superlative. Es ist das berühmteste, elitärste des Landes. Das einzige, in dem Patriarch Aleksij II. ein eigenes Haus zur Verfügung hat. Es ist eines von drei *lawras*, den religiösen Zentren Russlands, eines der ältesten, gegründet noch im 14. Jahrhundert, eines der größten, mit 300 Mönchen und 700 Studenten, die an der Geistlichen Akademie und am Seminar des Klosters studieren. Es ist auch eines der wenigen, die sogar in der Sowjetunion existierten.

Dabei flogen 1930, Jahre nach der Oktoberrevolution, die alten Glocken vom Turm und zerschellten auf dem Hauptplatz des Klosters. Revolutionäre stürmten Kapellen und Festsäle, verriegelten die Pforten und funktionierten die Gotteshäuser zu Flüchtlings-Wohnheimen um. Doch noch unter Stalin kehrten die Mönche zurück. 1946 wurde das Kloster erneut eröffnet. Und die ausländischen Touristen staunten, dass es also doch ein paar Kirchen in der Sowjetunion gibt.

Es war keine leichte Zeit, sagen die Mönche heute, denn außer Gottesdiensten war nicht viel zu tun. Die Überlebensstrategie: Beten, Stillhalten. Keine Missionsarbeit, keine Sozialarbeit. Nicht einmal mit der Instandhaltung der historischen Gemäuer durften sich die Mönche beschäftigen. Dabei hatten die Denkmäler es dringend nötig. Der Staat überwies kein Geld. Manchmal ließ ein Denkmalkomitee Gerüste aufbauen, um sie nach mehreren Jahren wieder abzubauen. Arbeiter waren nie gekommen. „Niemand tat etwas, aber sobald wir einen Nagel in die Wand schlugen, kam jemand vom Kulturministerium und klagte, dass wir historische Wände beschädigen", erzählt ein Mönch. Stellenweise sackten die Grundmauern sieben Meter unter die Erde. Sie sogen Wasser auf, Fresken verblassten, Risse fraßen sich meterlang durch die denkmalgeschützten Wände.

Wer damals Mönch werden wollte, musste viel aushalten. Ständig erfand die Sowjetmacht einen Vorwand, um die staatliche Registrierung im Kloster zu verweigern. Der Geheimdienst bestellte zu Gesprächen ein. Viele Priester, so heißt es heute, arbeiteten damals mit dem KGB zusammen. Wer die Kooperation verweigerte, lebte gefährlich. Ungehorsame Gläubige trugen in den Lagern ihr Kreuz. Doch für die Vergangenheit interessiert sich in der Kirche jetzt kaum jemand.

Heute ist die orthodoxe Kirche von der Staatsmacht getrennt und doch untrennbar mit ihr verbunden. Während der Perestroika stand die Kirche für das Alte im Neuen, das Wahre nach dem Falschen. Sie stand und steht für Russland. Manche Priester tauften damals mehrere hundert Menschen an einem Tag. So schworen die Sowjetbürger Marx ab. Überall gab der Staat die alten Kirchen zurück, mehr als 4000 in wenigen Jahren, Ruinen oft, zu Sowjetzeiten noch als Lager oder Läden missbraucht.

Doch die orthodoxe Kirche bekam sofort Konkurrenz. Sekten aus aller Welt erkannten die Gunst der Stunde. Aus Amerika kamen Scientologen, aus Japan Aum Shinrikyo. Quacksalber, Heilsbringer, Prediger füllten Stadien, segneten Wasserflaschen, verscherbelten Fotos und probierten ihre überirdischen Kräfte im Fernsehen aus.

Heute hat sich die Orthodoxie in Russland durchgesetzt. Sie duldet nicht einmal die evangelische oder katholische Kirche neben sich. Den Katholiken erklärte das Patriarchat einen regelrechten Glaubenskrieg. Der Papst darf nicht nach Russland einreisen, manche Priester bekommen keine Visa, ein Bischof wurde ausgewiesen.

„Die orthodoxe Kirche hat den Anspruch, die einzige wahre christliche Kirche zu sein", sagt der Journalist und Kirchenexperte Andrej Solotow. „Und durch ihre Nähe zur Macht gelingt es ihr, ihn in Russland auch durchzusetzen." Zu großen Gottesdiensten an Ostern oder Weihnachten lässt sich selbst Wladimir Putin, ehemals Mitarbeiter des KGB, mit Kerze in der Hand im Fernsehen zeigen.

Ein Kloster zu leiten ist eine schwere Aufgabe. Wer den Vorsteher des Dreifaltigkeits-Sergius-Klosters in Sergijew Posad besuchen will, der steigt steile Stufen hinauf, an bleichen Klosternschülern vorbei, die den Terminkalender des Bischofs am Computer führen. Bischof Feognost, ein großer Mann mit strengem Blick, empfängt Fremde mit Misstrauen. Öffentlichkeit ist ihm suspekt. Früher soll er einmal Sekretär des Komsomol gewesen sein. Doch Fragen zu seiner Vergangenheit sind nicht erlaubt. Wer ins Kloster geht, der streift das alte Leben ab. Auch die Gegenwart ist kein Gespräch wert. „Das Leben im Kloster ist immer gleich", sagt er. „Es hat sich in Jahrhunderten nicht verändert. Es wird immer gleich sein." Das stimmt, und doch nicht ganz.

Manchmal scheint es tatsächlich, als sei die Zeit stehen geblieben in den mittelalterlichen Gemäuern. Zu zweit oder dritt teilen sich die Mönche eine Zelle. Pritschen stehen darin, Ikonen, Schränkchen. Wer ein Stück Seife braucht, muss es beantragen. Das Taschengeld reicht für Schokolade. Der Dienst zu Ehren des Herrn bestimmt den Tag. Im Morgengrauen läuten die Glocken zum ersten Gottesdienst. Für Beichten, Taufen und Gesang, Abendmahl und Liturgien sind die Mönche zuständig. Sogar für die Glocken. Mit dicken Tauen wuchten Glöckner die Pendel gegen 35,5 Tonnen Bronze.

Wie vor Jahrhunderten ist das Kloster beinahe autonom. Wenige Kilometer von den goldenen Kuppeln entfernt, über schmale Dorfstraßen den Hügel hinauf, liegt einer der Gärten des Klosters. Kühe stapfen herum, Hühner scharren. Der Kartoffelacker ist gerade umgegraben. Kohlköpfe ragen aus der Erde. Zwischen Apfel- und Birnbäumen steht eine kleine Kapelle aus Holz, Schnitzwerk rankt sich am Dach entlang. Drei Mönche leben das ganze Jahr lang hier oben.

Das Kloster besitzt außerdem Felder mit Getreide und Sonnenblumen, eine Ölmühle, drei Bäckereien, ein Heizwerk, eine Tischlerei. Auch Näherinnen, Töpfer und Steinmetze werden beschäftigt. In einem Atelier fertigen Mönche Ikonen. Zwei Speisesäle und ein Wohnheim sind für Pilger geöffnet. Mehr als 1000 Menschen bewirtet das Kloster jeden Tag.

Milde Gaben und Manöver gehören zum alltäglichen Klosterbetrieb. Während Gläubige Kerzen anzünden, üben Kinder mit Priestern Stechschritt im Wald. Für Gott und für das Vaterland

Und doch ist vieles anders geworden. Manche Mönche haben Mobiltelefone an ihren Kutten befestigt. Das Kloster unterhält eine Website. Interneträume sind zu besichtigen. Längst sind Klostervorsteher auch Geldeintreiber. Die orthodoxe Kirche hat keine Finanzquelle, keine Kirchensteuer, aus der sie sich stetig ernähren darf. Offiziell ist ihr nur der Verkauf von Kerzen, Heiligenbroschüren, Kreuzen und Ikonen gestattet, um Kirchen zu wärmen, Blattgold für Zwiebeltürme zu kaufen, Priester zu kleiden. Gern wird auch von Spenden berichtet. Von den alten Mütterchen, die ihre letzten Kopeken geben, von Pilgern, die dankbar 50 Rubel lassen, nicht einmal zwei Euro.

Weniger gern reden Priester von Sponsoren. Dem Kloster in Sergijew Posad hat das Ministerium für Atomenergie zusammen mit den Atomkraftwerken des Landes eine Glocke spendiert. Das Eisenbahnministerium finanziert dem Kloster den Bau eines orthodoxen Luxus-Kinderheimes mit Hotel, Kinosälen und eigener Kathedrale, die in acht Monaten aus dem Boden gestampft wurde. Das Taufbecken darin ist aus weißem Marmor, extra aus Italien eingeführt.

Seit sechs Jahren lässt der Klostervorsteher die Kirchen, den Glockenturm, die Festungsmauern und die Verwaltungsgebäude restaurieren. Es ist die erste systematische Restaurierung seit Bestehen des Klosters. Ein Spezialistenkomitee unterhält ein eigenes Büro im Glockentum; Architekten, Ingenieure, Künstler arbeiten Hand in Hand. Zehn Jahre werden die Arbeiten noch dauern, glaubt der leitende Experte. Wer finanziert so einen Kraftakt? Der Staat gibt kaum fünf Prozent der Ausgaben, dabei gehören die Gebäude offiziell ihm.

Das Budget der Kirche ist so undurchsichtig und geheim wie das der Armee. Um die Finanzierung zu sichern, räumte der ehemalige Präsident Boris Jelzin dem Patriarchat Mitte der neunziger Jahre das Recht ein, Tabak und Alkohol zollfrei einzuführen – ein Aberwitz. Denn Rauchen und Trinken gilt der Orthodoxie als Sünde. Die Kirche soll damals auch Ölfirmen betrieben haben. Am Verkauf des beliebtesten Mineralwassers des Landes, der „Heiligen Quelle“, ist sie angeblich noch immer beteiligt.

Heute ist die Nähe zur Macht das teuerste Gut der Kirche. Wie bedankt sich ein Kloster bei großzügigen Spendern? Kritiker monieren, dass Geistliche automatisch zu Lobbyisten werden. Das Sponsoring verstärke die Abhängigkeit der Kirche vom Staat. Übt sie Kritik, riskiert sie zugleich, auch ihre Geldgeber zu verschrecken.

So geschehen wunderliche Dinge. Geistliche segnen Atomwaffen und Flugzeuge, reisen zu den Soldaten nach Tschetschenien, die seit Beginn des Krieges von Menschenrechtsorganisationen angeklagt werden. Priester weihen Limousinen, Fließbänder in der Autofabrik, Banken, Lastwagen. Sie widmen der Steuerpolizei einen eigenen Heiligen. Und der Geheimdienst, traditioneller Feind der Geistlichen, erhält eine eigene Kirche.

In den dicken Mauern des Klosters von Sergijew Posad steigt Priester Dmitrij Tag für Tag die Stufen in den Turm hinauf. Die Säle sind groß und gemütlich. Sessel stehen herum, ein Wasserkocher blubbert. An den Wänden hängen Werbeplakate für den Dienst bei den Truppen des Innenministeriums und an Militärhochschulen.

MERIAN - INFO
Kloster zu Sergijew Posad

Das **Dreifaltigkeits-Sergius-Kloster**, um 1345 gegründet, gehört zu den wichtigsten religiösen Zentren Russlands. Anfang des 17. Jahrhunderts wurde die Anlage über Monate von polnischen Truppen belagert, um 1680 versteckte sich hier der junge Peter (der Große) vor den aufständischen Strelitzen. 1919 wurde das Kloster aufgelöst, aber bereits 1946 wieder eröffnet. Die wichtigsten Sehenswürdigkeiten sind die **Mariä-Entschlafens-Kathedale** mit dem **Grab des Zaren Boris Godunow**, die **Sergiuskirche mit Refektorium** und die **Dreifaltigkeitskathedrale**. Das Kloster ist tgl. von 8-18 Uhr geöffnet, Kirchen sind aber Sa und So für Besucher geschlossen, (Klostermuseum und Sakristei Mo geschl.), Eintritt frei
Anfahrt: Mit dem Zug vom Jaroslawl-Bahnhof in Moskau nach Sergijew Posad, (ca. 90 Min.), dann vom Bahnhof rechts die ul. Woksalnaja entlang bis zum Kloster. Einfacher, aber teurer: Der Reiseveranstalter Patriarshy Dom Tours bietet regelmäßig Touren zum Kloster an (ca. 30 US-$), siehe auch unter „Skizzen“ Seite 8

Jemand hat ein Plakat gemalt: „Wir sind orthodoxe Christen, Sklaven Gottes, Kämpfer Christi.“
Seit vier Jahren leitet Priester Dmitrij im Kloster einen patriotischen Club für Kinder. „Pereswet“ heißt er, zu Ehren eines Mönchs, der im 14. Jahrhundert für Russland den Heldentod starb.

Die Tür des Clubs ist jeden Tag geöffnet, wer will, kann einfach nur fernsehen. Gelernt wird sonntags. Erst das Wort Gottes, dann die Bedienung eines Luftgewehrs. Die Kinder beten und marschieren, beichten und springen Fallschirm. Im Sportkeller bringen ihnen ehemalige Offiziere Ringen und Boxen bei. „Wir erziehen unsere Kinder zur Liebe am Vaterland“, sagt Priester Dmitrij. Aus dem Schrank zieht er Fotoalben: Kinder in Camouflage-Uniformen üben das Überleben im Wald. „Die Armee und die Kirche haben viele Gemeinsamkeiten“, doziert der Priester. „In beidem gibt es eine Uniform, Disziplin ist wichtig, Befehle werden erfüllt, und man arbeitet nicht, sondern dient.“

Die Mönche reden gern von Disziplin, Strenge und Gehorsam. Jeder Gottesdienst ist eine Lektion in Unterwürfigkeit. Die Gläubigen stehen zwei Stunden lang, es gibt keine Bänke. „Die Menschen müssen lernen, dass sie nicht nur das Gute von Gott annehmen dürfen, sondern auch das Schwere“, mahnt Klostervorsteher Bischof Feognost.

Manche Priester sprechen sogar mit Dankbarkeit von Leid und Not. „Die Verfolgung in der Sowjetunion hatte auch gute Seiten“, sagen sie. „Solche Zeiten bringen viele Märtyrer hervor. Wir konnten Gott unseren Glauben beweisen.“ Viele Jahrhunderte lang war die Verherrlichung des Leids bequem für die Herrschenden. Vielleicht ist sie bis heute Wurzel der viel zitierten russischen Langmut. „Wenn ein Russe gehängt werden soll“, lautet ein Witz, „dann bringt er zu seiner Hinrichtung selbst die Schnur mit.“

Kritiker innerhalb der orthodoxen Kirche mahnen an, dass sich die Kirche selten für die irdischen Sorgen der Menschen interessiert, den Gläubigen werden stattdessen Demut und das Warten auf die Erlösung gelehrt. Vielerorts erhebt sich die strenge Form über den Inhalt. „Die Predigen, die viele Geistliche heute halten, hätte man genauso gut im Syrien des 4. Jahrhunderts halten können“, schimpft ein Priester. Reformer, die sich liberaler und offener zeigen, müssen die Kirche oft verlassen.

Schon Mitte der neunziger Jahre entdeckten nationalistische Kreise die Kirche für ihre Zwecke. Viele Geistliche sind tief antiwestlich und antisemitisch geprägt. Priester German, der Teufelsaustreiber, will mit Andersgläubigen am liebsten nicht einmal reden. „Nur eine Kirche wird euch die Rettung bringen!“ mahnt er. „Alles andere ist Leere und Abartigkeit. Allen anderen bleibt nur die Hölle.“ □

Bettina Sengling, *geboren 1968, arbeitet seit 1995 als Korrespondentin des* Stern *in Moskau.*
Nikolai Ignatiev, *geboren 1955 in Moskau, fotografiert für internationale Magazine und lebt in London.*

DER FEINSCHMECKER HAT IMMER DIE

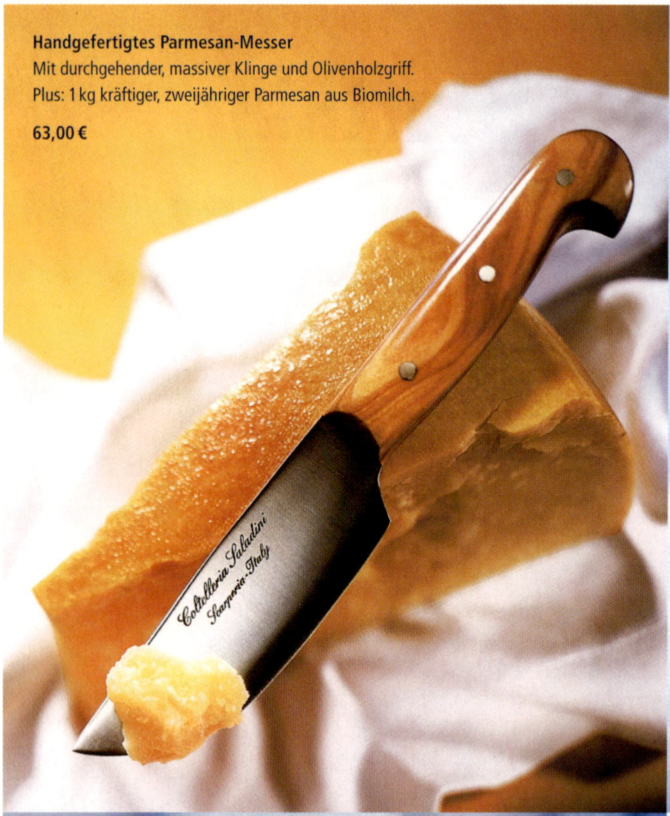

Handgefertigtes Parmesan-Messer
Mit durchgehender, massiver Klinge und Olivenholzgriff. Plus: 1 kg kräftiger, zweijähriger Parmesan aus Biomilch.

63,00 €

Handgefertigtes Sommelier-Messer
Eine Spezial-Edition der Manufaktur Château Laguiole, gefertigt für den Sommelier-Weltmeister 1998, Markus Del Monego aus Deutschland. Mit Griff aus Rebholz, inklusive feinem Lederetui.

99,00 €

ECM Mechanika Espresso-Maschine
Das neueste Modell des Mailänder Espresso-Spezialisten, in modernem Design und einem Gehäuse aus hochglanzpoliertem Edelstahl, exklusiv im FEINSCHMECKER CLUB erhältlich. Inkl. Espresso-Mühle, 3 x 500 g feinstem Espressokaffee, einem 6er-Set edler Espressotassen und dem Buch „Kaffee Kult" von Yasar Karaoglu.

Komplettpreis
1.799,00 €

Tassen ähnlich wie Abb.

Salz- und Pfeffermühle
Prämiert von DER FEINSCHMECKER, gefertigt von Zassenhaus. Aus feinem Buchenholz, 30 cm hoch, formschön und funktional. Mit patentiertem, variablem Mahlwerk aus Hochleistungskeramik, 25 Jahre Garantie.

49,00 €

DER FEINSCHMECKER, Deutschlands führendes Gourmet-Journal, ist jetzt auch die erste Adresse für exklusive Artike rund um die Themen Reisen, Wein, Delikatessen, Lebensart und Geniessen. Alles, was anspruchsvollen Hobbyköcher und Gourmets garantiert gute Dienste leistet, finden Sie im Internet unter www.der-feinschmecker-club.de. Das wechselnde Sortiment ausgewählter Angebote, die zum Teil exklusiv für DER FEINSCHMECKER gefertigt werden unc

30 Stunden Erster Klasse

Berlin–Moskau mit dem Zug: Durch vier Länder im engen Abteil. Die Schaffner braten Kartoffeln, und im Bett riecht's nach Champagner. Erfahrungen einer Passagierin, die alle Vorurteile hinter sich ließ

Text: Jutta Voigt

Die russische Bahn zeigt sich stilvoll gediegen, nur nicht auf allen Strecken. Roter Samt und Rosen sind im Zug nicht die Regel, fröhliche Jungs mit einer Flasche Wodka schon eher

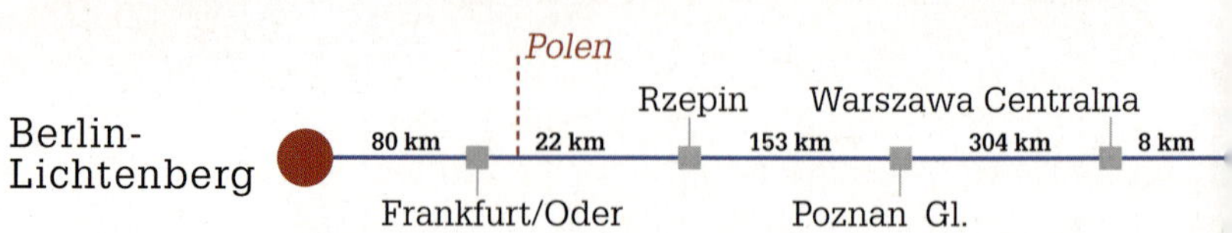

Russische Züge sollten Spitzengardinen haben und silberne Teeglas-Einsätze mit Reliefs von Pferden und Troikas, die durch den russischen Winter rasen. Zug D 247 hat bloß Rollos, ohne Spitze, die moderne Toilettenspülung ist dafür kein Ausgleich; wer fast 2000 Kilometer auf der Schiene zurücklegt, hat Anspruch auf Romantik.

Mit dem Zug nach Moskau? Die Vielflieger lächeln milde, fast 30 Stunden im Abteil, dazu die Kriminalität, Freunde raten zu einem Vorhängeschloss. Allgemeine Herablassung, sogar bei der Bahn. Die Schalterbeamtin im Reisezentrum am Alexanderplatz sagt: „Inne Russerei wollen Sie also, Erster Klasse, na, ja, was die so Erste Klasse nennen inne Russerei." In Frankfurt an der Oder mustern deutsche Grenzschützer mitleidig meine schmale Kabine: „Viel Spaß noch, wo auch immer Sie hinfahren!" Der Schlafwagenschaffner bringt Tee, nicht aus dem Samowar wie noch vor zwölf Jahren, man hat jetzt Beutel. Die Glaseinsätze glänzen in modernisiertem Design, das schließt Reliefs von Schlittenfahrten aus.

Ich habe einen Nachmittag, einen Abend, eine Nacht und den ganzen nächsten Tag im Zug D 247 vor mir. Berlin – Moskau. Über Warschau, Brest, Minsk, Smolensk. Der Himmel reist mit mir, seine Farben sind zuverlässig wie Bahnhofsuhren. Ich will viel lesen und werde doch die meiste Zeit aus dem Fenster sehen, erst auf polnische, dann auf endlose weißrussische Wälder. Vorbei an fremden Orten, fremden Gesichtern. Vorbei an einer sorgfältig geschminkten jungen Frau mit verweinten Augen, irgendwo bei Poznan. Vorbei an Männern, die in der Morgenkühle mit der Machorka in der Hand auf ihren Zug zur Arbeit warten. Ich bin die Voyeurin der Eisenbahn, schamlos und flüchtig.

In Polen legen die Schaffner ihre Uniform ab, sie ziehen Turnhosen an und Unterhemden, man kann die Tätowierungen sehen. Sie schälen Kartoffeln und braten sie in einer eisernen Pfanne, häuslicher Duft durchzieht den Waggon. Am Abend wird eingeschweißte Bettwäsche verteilt, sie lässt sich barmherzig über Wolldecken ziehen, die aussehen, als hätten sie schon durchgefrorene Rotgardisten gewärmt.

Jede Kabine bekommt ein handgemachtes Zwischenstück aus dünnem Metall, das zwischen Klinke und Riegel geklemmt wird, es soll verhindern, dass jemand mit einem Nachschlüssel die Kabinentür öffnen kann; Sicherheit vierfach: Riegel, Kette, Zwischenstück, Vorhängeschloss.

Ich habe meine Mitreisenden observiert, dubiose Gestalten sind nicht auszumachen. Links von mir reist eine alte Frau mit vier riesigen karierten Plastiktaschen, sie wird in Minsk von ihrer Verwandschaft abgeholt. Rechts logiert eine Familie mit zwei kleinen Kindern, das Double-Abteil daneben belegt eine Dame mit Perserkatze. Wenn Kriminalität, dann in der Art von Agatha Christies Orient-Express.

Ich klappe das Polster hoch, um mein Bett für die Nacht umzurüsten. Auf der Matraze zeigt sich ein großer nasser Fleck. Ich hole den Schaffner von seiner Pfanne weg: „*Schto äto*?" – Was ist das? Er murmelt „*russkije ljudi*" – russische Menschen. Dann beugt er sich über den Fleck und riecht daran, mehrmals. Schließlich richtet er sich auf und sagt: „*Schampanskoje*" – Champagner. Irgendwie wundert es mich, dass er dennoch eine andere Matratze besorgt.

Rattern, rumpeln, lesen – Walter Benjamins Moskauer Tagebuch. Im Dezember 1926 fuhr er mit dem Zug in die Stadt, tief verliebt in Asja Lacis, „eine russische Revolutionärin aus Riga". Im kalten Moskau verliert Benjamin Illusionen. Die russische Avantgarde enttäuscht ihn, vor allem Asja, die krank, kapriziös und abweisend ist: „Als sie zur Tür hereinkam, wollte ich sie küssen, wie meist misslang es". Benjamin stapft einsam durch Moskau, verzehrt sich nach einer Geliebten, die er zur Schneiderin begleiten durfte, sonst nichts.

An der polnisch-weißrussischen Grenze steht der Zug über zwei Stunden. Radwechsel, weil die Schienenspur ab hier eine andere Breite hat. Neonlicht, Türen auf, Grenzkontrolle: „Aufstehen, Kabine verlassen!" Es ist fünf Uhr morgens. Die Grenzer leuchten in Bettkästen und Waschschränke. Ein schwarz berußter Mann betritt grußlos lächelnd mit einem Eisenrohr meine Kabine, hebt den Teppich hoch, öffnet die Klappe über einem Loch und schiebt das Rohr hinein; ich liege offenbar auf einer Schaltstelle der russischen Eisenbahn.

Wir sind in Russland, hier ist es zwei Stunden später, die grünweißen Bahnhofsgebäude sind mit Hammer, Sichel und Sowjetstern geschmückt, in Russland gehen die Uhren nach, auch wenn sie vorgehen. Wir sind noch hunderte Kilometer entfernt, aber die Signale kündigen das große Moskau bereits an: „Wenn es Abend wird in der großen Stadt", schallt es aus Bahnhofslautsprechern.

Auf dem Bett liegen, in den Himmel sehen, das 13. Glas Tee bestellen. *Oblomowschtschina,* wie man das besinnliche Nichtstun in Russland nennt. Als ich dem Schlafwagenschaffner einen Euro Trinkgeld gebe, bringt er mir ein Päckchen Schokoladenwaffeln, er will kein Trinkgeld.

Um elf Uhr abends fährt D 247 wie alle Züge aus Westeuropa im Belorussischen Bahnhof ein. Auf dem Gleis gegenüber hält ein Zug mit Spitzengardinen. □

Jutta Voigt *schrieb auch über das Moskauer Zentrum und den Kreml, S. 33.*

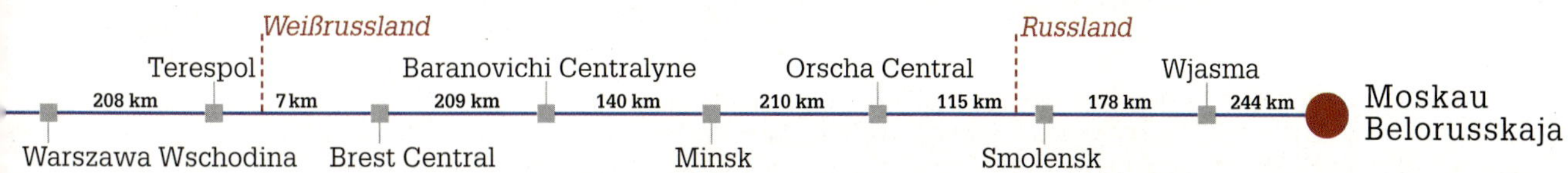

12 Moskauer Momente

Für einen Ausländer trägt der Alltag an der Moskwa bisweilen surreale Züge. Dialoge führen ins Nichts, wildfremde Menschen küssen einander und was eben noch selbstverständlich war, ist auf einmal unmöglich. Augenblicke voller Komik und Tragik, aufgezeichnet als ein Stück russischer Wirklichkeit

Text: Stefan Scholl

1 Der General gießt mir die nächsten 50 Gramm Anis-Wodka ein. „Wir trinken auf deine Mutter", befiehlt die Generalin, der Wodka ist kalt, mir wird heiß. Auf dem Tisch steht schon die zweite Flasche, zwischen Räucherlachs, eingelegtem Knoblauch und Schnittgurken. „Heirate keine Moskauerin, das sind berechnende Biester", die Generalin ist 74, weißhaarig und dick, aber noch immer lässt ihre kleine Nase ahnen, dass sie früher, unter Stalin, ein süßes Mädchen war.

Jetzt klagt sie ihr Leid: Wie ihr Sohn nach der unglücklichen Ehe mit einem Moskauer Biest zu trinken anfing, dann an ein anderes Biest geriet, das scharf auf seine Wohnung

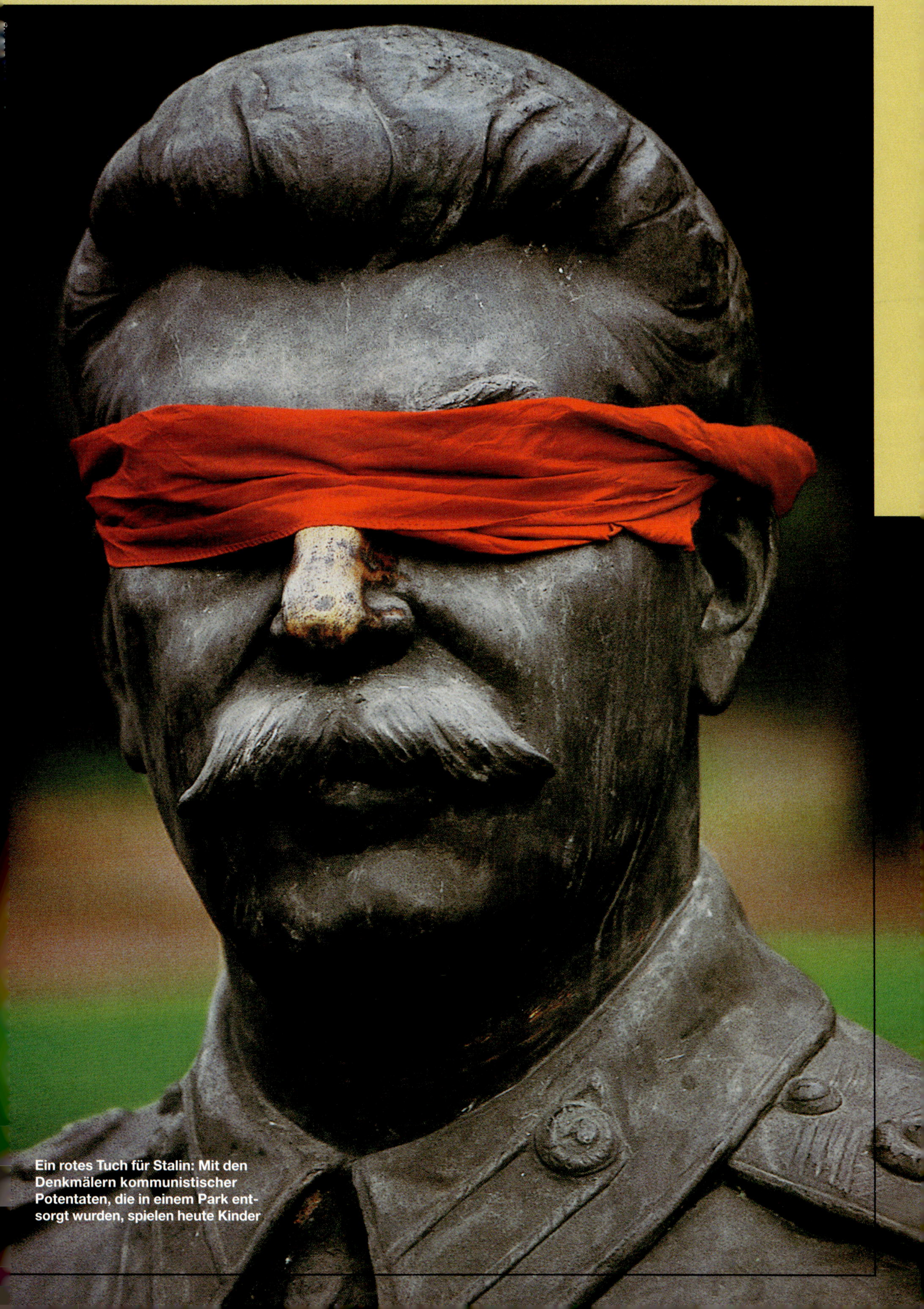

Ein rotes Tuch für Stalin: Mit den Denkmälern kommunistischer Potentaten, die in einem Park entsorgt wurden, spielen heute Kinder

Soldaten und ihre Schnappschüsse: Eine Gruppe Kadetten betrachtet Urlaubsfotos. Der junge Michail (r.) trägt einen Ohrring, nach Tradition der Kosaken Zeichen dafür, dass er der einzige Mann seiner Familie ist

Foto: Gerd Ludwig

war, all seine Entziehungskuren in Gin Tonic ertränkte und seine Karriere als Offizier ruinierte. „Am besten heirate gar keine Russin", pflichtet der General bei, ein Held der Schlacht um Berlin. „Fahr nach Hause, zu deiner Mutter, sie soll dir eine Braut aussuchen."

„Der Junge hat ja wieder nichts zu trinken", unterbricht ihn die Generalin. Wieder gluckert der Wodka, wieder 50 Gramm, wieder klirrt der Toast. „Darauf, dass du eine gute Frau findest!" Diesmal schlucke ich nur die Hälfte, die Generalin rümpft ihr Näschen. „Schäm dich, du hast nicht mal ausgetrunken."

2

Der magere Soldat am Hintereingang der Staatsduma dreht meine Akkreditierungskarte um, blickt mich an, seine Augen sind dunkel und hart wie die einer altrussischen Ikone. „Mit diesem Ausweis kommen Sie hier nicht rein." – „Wieso? Mit dem Ausweis bin ich hundertmal in die Duma gekommen. Ich habe gleich ein Interview." – „Ihr Problem. Besorgen Sie sich eine Zusatzakkreditierung!" Der Mund des Wächters ist unerbittlich und fadendünn wie die himmelblaue Biese seiner Schulterklappen.

Nicht nur vor der Duma walten in Moskau dunkle, unberechenbare Mächte: Der Wohnblock, den du suchst, ist für immer im Schneesturm verschwunden, Verkehrspolizisten verkünden, dein Führerschein gelte nur für Lastenaufzüge, der Fahrer eines voll besetzten Trolleybusses steigt auf einmal aus und verschwindet. Oft scheint es, als hätte sich Kafka diese Stadt ausgedacht.

Die Staatsduma hat zwei Eingänge. Ich haste zum Hauptportal. Der Unteroffizier an der Innentür blickt gelangweilt auf meine Karte, winkt mich durch: „Bitte sehr!" Moskaus Launen quälen, aber im Gegensatz zu Kafkas grausamen Instanzen begnadigen sie gerne den, der nicht aufgibt.

3

Seine allabendliche Heimkehr ist ein Ritual: Sein Auto, früher ein schwarzer Benz, seit Februar ein marineblauer Cherokee, hält am Gittertor zum Hof. Sein dicker Leibwächter klettert heraus, öffnet die verspiegelte Hintertür. Heraus steigt Sascha, wie ihn die Nachbarn ungerührt nennen, weil er hier schon als Schuljunge herumlief. Sascha, jetzt Mitte 40, macht sein Geld in Immobilien, trägt Gucci in Schwarz, ist einen Kopf kleiner als sein Bodyguard und zwei Köpfe kleiner als die Mädchen, die er manchmal mitbringt.

43 Schritte bis zur Haustür, jeder Amateur könnte Sascha und den Leibwächter bequem mit einer Kalaschnikow-Salve aus Nachbars Garten umlegen. „Du warst also gestern die ganze Nacht zu Hause", spricht ihn im Treppenhaus ein Nachbar an. „Was, das hast du gemerkt?" – „Klar, deine

neue Klimaanlage tropft." Sascha wird blass. Einerseits ist er erfolgreich und heftig bemüht, das zu zeigen, andererseits überzeugt, fast alle Moskauer Auftragskiller seien auf ihn angesetzt. Sascha besitzt mehr Geld als alle anderen im Haus. Aber er hat auch mehr Angst.

4 Achter April, im Moskauer Zentrum ist der Winter längst vorbei, dank brüllender Zentralheizungen und ganzer Schneeräum-Regimenter gibt es dort seit Monaten kaum mehr Schnee als an der Schwarzmeerküste. Trotz des spöttischen Grinsens der Nachbarn trage ich noch einmal meine Ski zum Auto, um nach Krasnogorsk zu fahren, dem Langlaufzentrum nordwestlich von Moskau. Im Schatten der Krasnogorsker Fichten liegt der Schnee noch fast einen halben Meter hoch. Heute aber weht warmer, nach Erde riechender Fön durch den Wald. Nach zehn Minuten Lauf sehe ich eine Lichtung, es geht talwärts, plötzlich ist die Loipendecke vor mir weg, ich bremse mühsam, der Winter versickert in einem Bach, einen Meter breit, jemand hat ein paar Holzstangen darüber gelegt. Über die stelze ich nun, die Skistöcke versinken tief im Wasser, unter mir winkt grünes junges Schilf. Der Frühling kommt spät, aber gewaltig. Am anderen Ufer hält ein stämmiger Skiläufer, sein Lächeln ist wehmütig: „*Konez sesona!*" Ende der Saison. Amseln beschimpfen sich, drei Tage später herrschen 14 Grad plus.

5 Moskauer Sonntagnachmittage sind fröhlich, fast brasilianisch. Drei Männer mit Bäuchen steigen in den Metrowaggon. Sie lachen, schwenken Bierflaschen, haben die obersten beiden Hemdknöpfe geöffnet. Daneben sitzt ein stilles Paar mit Rucksäcken, einer übergroßen Plastiktasche und wetterbraunen Gesichtern, Heimkehrer von der Datscha. An der Kropotkinskaja macht sich einer der Biertrinker daran,

Nach vielen Gängen und noch mehr Gläsern: Am Ende der Geburtstagsfeier eines Moskauer Motorradclubs brauchen selbst harte Rocker ihren Schlaf

auszusteigen, die anderen verabschieden ihn: „Bis morgen, Petrowitsch!“ Petrowitsch springt hinaus, die Tür saust zu, ein Kamerad aber drückt den Kopf gegen das Fenster. „Petrowitsch, du bist ein toller Kerl!“, brüllt er und bekräftigt, weiß Gott warum, seine Liebe mit einem donnernden „*We shall overcome*, Petrowitsch!“ Ein paar Fahrgäste lächeln, die Frau von der Datscha aber blickt ihren Mann fragend an: „Was hat er da gerufen?“

„Das war Spanisch“, erklärt ihr Mann, „und bedeutet ‚Mach's gut!'“. Die Frau nickt, sichtlich zufrieden mit ihrem Gatten, seinen Fremdsprachenkenntnissen und der Welt überhaupt.

6 Nach dem Gewitter radeln wir weiter. Der Marschall-Schukow-Prospekt ist breit und leer, Andrej fährt vor mir, durchquert spritzend eine Regenpfütze, als der Sommertag jäh in tausend Scherben zerbricht. Ein Stoß, es reißt mich und mein Fahrrad in die Höhe, alles wird still, über mir wirbelt blauweißer Himmel, ich rutsche über Metall, falle, schliddere weiter, durch eine Pfütze, bleibe liegen. Vor mir hält ein orangeroter BMW, ein Jüngling springt heraus, läuft auf mich zu: „He, was hast du denn da gemacht? Bist du in Ordnung?“ Sein Gesicht entspannt sich, als ich mich aufrichte, wunderbarerweise bin ich ohne Brüche davongekommen. „Hör mal, du hast mir mit dem Kopf die Windschutzscheibe eingeschlagen, die musst du bezahlen!“ Der Bursche ist angetrunken, die Miliz wird seinen Führerschein einziehen. Aber in Moskau gelten Fußgänger als Freiwild, Radfahrer als lebensmüde, und er ist fest davon überzeugt, dass auch bei diesem Unfall die hiesige Hauptverkehrsregel gilt: Der Stärkere hat Recht.

7 Ich schwitze über einem Aeroflot-Artikel, als das Telefon piepst. „Hallo Alter, ich bin in Moskau!“ Wlads Stimme trieft vor Vergnügen. „In 20 Minuten bin ich da.“ Mein Haar sträubt sich, wieder eine dieser russischen Überraschungen. Einerseits steht Moskau um 6.30 Uhr auf, hastet ins Büro, sein Terminkalender platzt, andererseits attackiert es Gastfreundschaft und Leber zu den unmöglichsten Zeiten.

Wlad lehnt im Türrahmen, ein Bär im grauen Hemd eines US-Todeszellenkandidaten, er trägt eine pralle Plastiktüte und grinst. Ich auch. Unmöglich ihm zu sagen, er solle sechs Stunden spazieren gehen, bis mein Tagwerk verrichtet ist. Wlad hat mir nicht nur Interviews mit Autodieben, Raubhuren und Klodeckelfabrikanten beschafft. Stünde ich vor seiner Tür in St. Petersburg, er würde sofort Frau und Kinder

Die Babuschkas geben Mütterchen Russland Halt. Großmütter sind die Stütze der Gesellschaft, sie ziehen die Enkel auf, wenn die Eltern arbeiten gehen

und seine halb bankrotte Teigtaschenfabrik im Stich lassen, sich für mich in jede Bresche werfen. Also gehen wir den ersten Liter Wodka kaufen. Der Tag ist gelaufen, die Nacht, die Termine morgen, das ist jetzt alles egal, „*nitschewo*“, wie Wlad sagt.

8 Es regnet selten in Moskau, aber wenn, dann richtig. Ein junger Mann mit Sonnenbrille watet suchend durch die Pfütze vor der Trolleybushaltestelle an der Ostoschenka. Unter dem schmalen Dach der Haltestelle steht ein Mütterchen in einem alten, halb durchnässten Wollmantel. „Babuschka, hast du nicht gesehen, ob mein Handy hier in die Pfütze gefallen ist?“ Der schöne junge Mann trieft. „Nein, Söhnchen, aber die heilige Gottesmutter möge dir helfen!“ Er nickt bekümmert, läuft weiter, verschwindet im Regen. Zwei Minuten später ist er wieder da, strahlt, winkt mit einem silbergrauen Mobiltelefon, umarmt die Oma und küsst sie schmatzend auf den Mund. Der Regen strömt weiter, aber das nasse Nichts des Moskauer Himmels scheint heller geworden zu sei

9 Zwischen den blassgrauen Wohntürmen an der Dmitrowski-Chaussee flattern die letzten Schmetterlinge. Unten im Hof streben Arbeitnehmer mit Aktentaschen und offenen Bierflaschen heim, Mütter schieben Kinderwagen, dazwischen steht ein Greis, mager wie der selbst geschnitzte Spazierstock, auf den er sich stützt. Plötzlich pfeift es in der Luft, Glas zerplatzt auf

Ein Kuss zur Feier des Tages. Am ersten Sonntag im September begeht Moskau seinen Geburtstag, mit Festen, Feuerwerk und gleißenden Lichtern, die selbst die gigantische Lomonossow-Universität zur freundlichen Kulisse machen

dem Trottoir, irgendjemand zwischen Etage zwei und 15 hat eine leere Wodkaflasche aus dem Fenster geworfen. „Schweinehunde!", der Greis schwenkt seinen Stock, „wenn ich euch kriege, ich schlag euch tot!" Oben schweigt es, der Flaschenwurf war lebensgefährlich, aber kaum böswillig. Moskauer Acht- und Herzlosigkeit wurzelt in ländlichen Seelen, die sich im Innersten dagegen wehren, in der Millionenstadt gelandet zu sein. Man sorgt sich um Familie und enge Freunde, die übrigen ignoriert man nach Kräften. Moskau, das größte Dorf der Welt. Wahrscheinlich hat sich oben jemand besoffen und vergessen, dass er nicht mehr auf der Kolchose sitzt, dass die Reste seines Weltschmerzes nicht im Gemüsegarten landen, sondern tief unten auf dem Bürgersteig.

10 „Onkel, was machst du da?" – „Ich? Ich wechsle die Batterie aus." Neben mir steht ein blondlockiges Mädchen, vielleicht fünf oder sechs Jahre alt, und betrachtet mich und meine aufgeklappte Motorhaube mit großen, skeptischen, seidig bewimperten Augen.

„Und warum sprichst du so komisch Russisch?" – „Weil ich ein Ausländer bin." Das Kind staunt, ein sehr schönes Mädchen, auch Tschechow hätte Mühe damit gehabt, sein Gesicht würdig zu beschreiben. „Was ist denn ein Ausländer?" – „Ein Ausländer ist einer, der nicht in Russland wohnt." – „Und warum bist du dann hier, wenn du gar nicht in Russland wohnst?"

In 15 oder vielleicht 20 Jahren wird das Mädchen begreifen, dass man als Schönheit in Moskau besser durchs Leben kommt, wenn man nicht zu viele Fragen stellt. Oder aber es wird immer neugierig bleiben, auch das kommt in Russland vor, denn es gibt sehr viele schöne Frauen hier.

„Ich arbeite in Moskau." –„Und was arbeitest du?" – „Ich bin Journalist. Ich verdiene Geld damit, dass ich schreibe." – „Babuschka!" Das Kind wendet sich einer dicken Frau zu, neben der ein ergrauter Zwergschnauzer heranzockelt. „Babuschka, hier ist ein Ausländer", schreit das Kind, „der sagt, er verdient Geld damit, dass er schreibt. Aber der kann Russisch nicht mal richtig sprechen."

Kleine Moskauer Mädchen, auch sehr schöne, gehen einem manchmal fürchterlich auf die Nerven.

11 Deutscher bist du", freut sich der Taxifahrer, „ich verehre Deutschland." Drei Uhr früh, auch ich bin froh, habe die Nummer der wolfsbabynasigen Mascha aus dem „Propaganda" in der Tasche und die Hoffnung, mich zu verlieben. „Hitler war ein großer Feldherr", das Russisch des Taxifahrers klingt armenisch-rau, „schade, dass er Moskau nicht zerstört hat."

„Hitler war ein Idiot", ich lasse mir die Laune nicht von kaukasischen oder ostslawischen Hymnen auf die Nazis verderben. – „Ja, statt des Kaukasus hätte er zuerst Moskau erobern sollen", räsoniert der Armenier. – „Den Krieg hätten wir Deutschen trotzdem verloren", beharre ich. Er lacht: „Aber erst 50 Jahre später."

Ich wechsle das Thema: „Und wieso mögen Sie Moskau nicht?" – „Diese Stadt taugt nichts. 150000 Dollar habe ich hier verloren. Ich habe 15 Jahre in Chabarowsk gelebt. Da sind die Leute nicht so eingebildet. Acht Geschäfte hatte ich da, vier davon gehören mir noch. Ich gehe wieder zurück." Die Fahrt kostet 50 Rubel, keine zwei Euro, der Armenier grinst, verabschiedet mich raukehlig-deutsch: „Feuer frei!"

12 Es beginnt wieder zu schneien. Milliarden winziger, leuchtender Flocken schweben herab, Sternenstaub, der alle Schlaglöcher verklebt und den nächtlichen Autolärm erstickt, Moskau wird weiß und weich, eine Winterschönheit. Am Hauseingang zieht Mascha ihre Handschuhe aus und steckt ihre Hände in die Ärmel meines Halbpelzes. Ihre Augen sind geschlossen, ihre Lippen kühl, ihre Zunge ist heiß. Mascha küsst mit Hingabe, gleichzeitig kriegt sie es hin zu lächeln, sorglos, unschuldig, ein Kinderlächeln: Es ist Winter, es schneit, alles hat gerade erst angefangen und muss wundervoll enden. Es gibt Momente, in denen ganz Moskau fest daran glaubt, glücklich zu werden. □

Stefan Scholl, *Jahrgang 1962, erlebte zwischen 1998 und 2002 in Moskau mehr unvergessliche Momente, als ihm lieb war. Der ehemalige Korrespondent der* Woche *verließ Ende 2002 die Stadt seiner Träume und Alpträume, um in Westsibirien ein Buch über ein Dorf zu schreiben, im dem bundesdeutsche Problemjugendliche geläutert werden.*

MERIAN-Impressum

Gegründet 1948 im Hoffmann und Campe Verlag zu Hamburg
Herausgeber: Manfred Bissinger
Chefredakteur: Andreas Hallaschka
Stellvertretende Chefredakteurin: Gesa Engelschall
Art Directorin: Sabine Lehmann
Chef vom Dienst: Tibor M. Ridegh
Redakteure: Charlotte von Saurma, Kathrin Sander
Redakteurin dieses Heftes: Kathrin Sander
Magazin: Peter Würth
Schlussredaktion: Tibor M. Ridegh, Vertretung: Jasmin Wolf
Dokumentation: Jasmin Wolf
Layout: Dorothee Schweizer (stellvertr. Art Directorin), Ingrid Koltermann, Cornelia Böhling, Katharina Holstein-Sturm, Beate Meding
Bildredaktion: Eva M. Ohms, Hanni Rapp, Michael Kleehaupt
Bildredakteurin dieses Heftes: Eva M. Ohms
Kartographie: Peter Münch
Mitarbeit: Claudia Schmidt, Sandra Angerstein, Andreas Weber
Sekretariat: Katrin Eggers, Corinna Roßmann-van' t Hoog
Geschäftsführung Premium Magazine: Peter Rensmann
Herstellung: Heidrun Seven
Gesamt-Anzeigenleitung (verantw.): Roberto Sprengel
Anzeigenleitung: Christel Janßen
Anzeigenstruktur: Patricia Hoffnauer
Marketing: Kenny Machaczek, Ulrich Rieger, Sonja Wünkhaus
Vertriebsleitung: Stefan Zastrutzki (Zeitschriftenhandel), Jan Wiesemann (Buchhandel)
MERIAN erscheint monatlich im Jahreszeiten Verlag GmbH Poßmoorweg 5, 22301 Hamburg Tel. 040/27 17-0, Fax 040/27 17-20 56
Anschrift der Redaktion: Harvestehuder Weg 42, 20149 Hamburg, Postfach 130444, 20139 Hamburg, E-Mail: Redaktion@Merian.de Tel. 040/441 88 231, 441 88 240
Fax 040/441 88-310
Website: www.merian.de
Leserservice: Postfach 601220, 22212 Hamburg, Tel. 040/87 97 35 40 Fax 040/27 17-20 79

PRESSE & BUCH IM BAHNHOF

Gültige Anzeigenpreisliste: Nr. 37b. Das vorliegende Heft Januar 2003 ist die 1. Nummer des 56. Jahrgangs. Diese Zeitschrift und die einzelnen Beiträge und Abbildungen sind urheberrechtlich geschützt. Jede Verwertung außerhalb der engen Grenzen des Urheberrechtsgesetzes bedarf der Zustimmung des Verlages. Keine Haftung für unverlangt eingesandte Manuskripte und Fotos. Preis im Abonnement im Inland monatlich 6,37 €, inklusive Zustellung frei Haus. Der Bezugspreis enthält 7% Mehrwertsteuer. Auslandspreise auf Nachfrage.
Postgirokonto Hamburg 132 58 42 01 (BLZ 200 100 20), Commerzbank AG, Hamburg, Konto-Nr. 611657800 (BLZ 200 400 00)
Führen in Lesemappen nur mit Genehmigung des Verlages.
Printed in Germany.
Litho: Alphabeta Druckformdienst GmbH, Hamburg.
Druck und Verarbeitung: heckel GmbH, Nürnberg, schlott sebaldus Gruppe

ISBN: 3-7742-6801-0
MERIAN (USPS No. 011-458) is published monthly. The subscription price for the USA is $ 110 per annum. K.O.P.: German Language Publications, Inc., 153 South Dean Street, Englewood NJ 07631. Periodicals postage is paid at Englewood NJ 07631, and at additional mailing offices. Postmaster: send address changes to: **MERIAN, German Language Publications, Inc., 153 South Dean Street, Englewood NJ 07631.**

Ein Unternehmen der
GANSKE VERLAGSGRUPPE

MERIAN A&W Architektur & Wohnen COUNTRY WEIN Gourmet
DER FEINSCHMECKER **Die Premium Magazin Gruppe im Jahreszeiten Verlag**

Bildnachweis

Anordnung im Layout: o=oben, u=unten, r=rechts, l=links, m=Mitte.
Titel: Achim Siegmund/rufo; S. 3 Michael Müller; S. 4 lo Steinberg; S. 4/5 Thierry Borredon/hemispheres; S. 4 m Lynn Johnson/ Aurora; S. 4 u UPI/ gamma/ studio x; S. 7 o Igor Gavrilov; S. 7 m Frank Tschirner; S 7 u Jürgens Ost + Europa Photo; S. 10 o Arie Kievit/ hollandse Hoogde/laif, S. 10 lm Vladimir Illich/ network/Focus; S. 10 rm Heinz Tesarek/ Anzenberger; S. 12 lo, m Tesarek/Anzenberger; S. 12 ro Jörg Lehmann/insidecity; S. 14 lo Achim Hatzius; S. 14 ro Gregor M. Schmid; S. 14 m, S. 18/19: Ludwig/ Visum; S. 20/21 Steinberg; S. 22 Floris Leeuwenberg/ TCS; S. 23 Ludwig / Visum; S. 24/25 Cary Wolinsky/ IPN/ Aurora; S. 26/27 Jeffrey Aaronson/ Network Aspen; S. 28 Rupert Oberhäuser/ Das Fotoarchiv; S. 29 Jochem Wijands; S. 30/31 Wolfgang Kaehler; S. 32 Gavrilov, S. 33 Ludwig/Visum; S. 35 Tesarek/Anzenberger; S. 36/37-41 Gavrilov; S. 42/43 Peter Essick/ laif/ Aurora; S 44 o Catherine Nicol/TCS, lu, ru Tesarek/ Anzenberger; S. 46 Jürgens Ost + Europa Photo; S. 47 lo Psaila/gamma/studio X, ro Nicol/TCS; S. 48 Itar-Tass/Bilderberg; S. 50/51 Tschirner; S. 52 BPK; S. 53-56 u/57-59 Harf Zimmermann u. Jens Rötzsch/Ostkreuz; S. 56 o BPK; S. 60/ 61 Johnson/ Aurora; S. 62/63 hahn/ laif; S. 64/65 Jacques du sordet/ANA S. 66 ru, S. 67 ru Olaf Martens; S. 66 lu rufo, S. 67 o / S. 68 l Heidi Hallinger; S. 68 r ap; S. 70 gamma/ studio X; S. 71 Anatole Goriainov/ANA; S. 73 ru, lu, S. 74 gamma/ studio X; S. 76/77 Ekko von Schwichow; S. 78-83 Martens; S. 82 Gavrilov S. 84-91 Nikolai Ignatiev/ network/Focus; S. 94 o Hub/laif ,m, u Kaehler; S. 97, 98/99,100 Ludwig/Visum; S. 101 Lehmann/ insidecity, S.102 Tesarek/ Anzenberger; S. 105 Wolinsky/IPN/aurora; S. 106/107 Gavrilov; S. 107 m Tesarek, u Borredon/ hemispheres; S. 108/109 Gavrilov; S. 110 gamma/studio X; S. 111 Oberhäuser /Das Fotoarchiv S. 112/113 Merian Kartographie; S. 114 Tretjakow Galerie avant-garde 2000; S. 115 Gavrilov; S. 116 Nicol/ TCS; S. 118 Martens S. 117, 119 Cozzi/ atlantide; S. 120 Lisa Sarfati/ Magnum/ Focus; S. 126 o BPK, u AKG; S. 130 o Otto Stadler, lu Son Bleda, ru Gregor Lengler

Foto: Cary Wolinski

MERIAN service Moskau

Text: Stefan Scholl

Inbegriff des romantischen Russland: die Basiliuskathedrale auf dem Roten Platz vor dem Kreml

Mediterrane Gastfreundschaft

Im Swertschkow, einer der winzigsten und intimsten Herbergen Moskaus, logiert der Gast gemütlich

In einem Käfig in der Eintrittshalle residiert die Eule Sawa, daneben, hinter der Rezeption, mit roter Haarmähne zum roten Rollkragenpullover, Ljubow Wladimirowna, eine nicht nur für russische Verhältnisse liebenwürdige „Administratorin“: „Ich arbeite seit zwölf Jahren hier, seit das Hotel **Swertschkow** eröffnet wurde“, sagt sie. Errichtet wurde das Gebäude 1872 von dem reichen Kaufmann Swertschkow als Gasthof für orthodoxe Wanderpilger. Nach der Revolution 1917 wurde das Haus zunächst als Kommunalwohnung genutzt, später als Wohnheim für Studenten. „Heute steigen bei uns vor allem Geschäftsleute ab, auch viele Ausländer, Kanadier, Neuseeländer und Japaner.“ Das beige gestrichene Haus liegt in der Altstadt zwischen Mjasnizkaja und Marosejka, heute eines der stillsten und gleichzeitig lebendigsten Viertel Moskaus. Im Kellerrestaurant, wo es für weniger als zwei Euro russische *pelmeni* oder *asu*, tatarisches Rindfleisch, gibt, esse der legendäre sowjetische Eishockey-Torhüter Wladimir Tretjak oft zu Mittag, erzählt Ljubow Wladimirowna nicht ohne Stolz. „Und die französische Schauspielerin Irene Jakob hat einmal mehrere Monate bei uns gewohnt. Die ist jetzt ein Weltstar.“ Mörtelflecken an der Decke zeugen von Renovierungsbemühungen. Die Zimmer, vom einfachen Einbettzimmer für 2200 Rubel (70 €) bis zum Luxuszimmer für 5000 Rubel

Die Bewertungen:

Alle Adressen im Service-Magazin sind Empfehlungen der MERIAN-Redaktion. Hotels, Restaurants, Clubs und Cafés kann zusätzlich ein Merian-M als Auszeichnung für besondere Leistungen über unsere Empfehlungen hinaus verliehen werden.

M sehr gut
M M herausragend
M M M nicht zu übertreffen

Alle mit einem MERIAN-M ausgezeichneten Adressen erhalten MERIAN-Urkunde und -Sticker (auf Anfrage).

Baltschug Kempinskij M M
(E 5) Uliza Baltschug 1
Tel. 230 65 00, Fax 230 65 02
Metro Nowokusnezkaja
hbkm.moscow@kempinski.com
DZ ab 330 US$
Das deutscheste und teuerste Etablissement am Platz. Neben den Annehmlichkeiten eines Fünf-Sterne-Hotels bieten die meisten Zimmer Blick auf den Kreml. Ein üppiges Vergnügen ist das Frühstücksbuffet mit Kaviar und „Schampanskoje“ für 30 US$.

Budapest M M
(E 2) Petrowskije Linii 2/18
Tel. 924 88 20, Fax 921 52 90
Metro Ochotnyj Rjad, Kusnezkij most, DZ ab 140 US$
Klein, zentral, gemütliche Atmosphäre. Eines der wenigen wirklichen Mittelklassehotels in Moskau.

Gostiniza Molodjoschnaja
(L/M 2) Dmitrowskoje schosse 27-1
Tel. 977 32 83, Fax 977 35 01
Metro Timirjasewskaja
DZ ab 1218 Rubel (38 €)
Das „Hotel der Jugend“ entspricht etwa einer Jugendherberge: sowjetischer Plattenbau-Charme, sperrholzmöblierte Fünf-Bett-Zimmer zu 55 € und am Wochenende das „La Bamba“, eine erzrussische Vorstadtdisco. Mit dem Sammeltaxi zehn Minuten ins Zentrum (bis zum Gartenring).

Junost
(L 2) Chamownitscheskij Wal 34
Tel. 242 48 61, Fax 242 02 84
Metro Sportiwnaja
DZ ab 1550 Rubel (49 €)
Etwas weniger spartanisch als z. B. das Molodjoschnaja, Unmittelbar an der Metro und der neuen Ringautobahn. Gegenüber liegt der Sportpark Luschniki – ein preiswerter Tipp für Moskau-Besucher, die gerne joggen oder schwimmen.

Metropol M
(E 3) Teatralnyj projesd 1/4
Tel. 927 60 00, Fax 9276010
Metro Ochotnyj Rjad, Teatralnaja, Ploschtschad Rewoljuzii
moscow@interconti.com
DZ ab 240 US$
(im Winter 260 US$)
Das berühmte Glasdachrestaurant gehört zu den Schauplätzen von Boris Pasternaks „Doktor Schiwago“. Bei der Innenaustattung des Jugendstilpalastes legten Spezialisten der Petersburger Eremitage Hand an – aber auch hier lassen sich die Frühstückskellner Zeit, Kaffee nachzuschenken.

Nur wenige Mittelklasse-Hotels

Wer in Moskau ein Hotel sucht, begegnet einem neurussischen Problem – der Servicschere: Es gibt sehr gute, aber auch sehr teure Fünf-Sterne-Hotels, andererseits billige, doch oft noch immer von Unhöflichkeit, defekten Wasserhähnen und Küchenschaben okkupierte Hotelkasernen. Es fehlt an einem ausreichenden Mittelklasse-Angebot. Außerdem neigen die Empfangsdamen akzeptabler postsowjetischer Hotels im Zentrum („Rossija“, „Ukraina“ oder „Pekin“) dazu, Neuankömmlinge aus Prinzip abzuweisen, gerade Ausländer, die kein Russisch sprechen. Oder sie schicken sie in schäbigere Herbergen am Stadtrand. Deshalb ist es besser, eine feste Buchung zu haben, wenn man anreist.

Ljubow Wladimirowna und die Eule Sawa sind die guten Geister im Swertschkow

(160 €), sind vor kurzem „italienisch“ möbliert worden, überall stehen Topfpflanzen, an den Wänden hängen abstrakte Ölgemälde, eine Moskauer Galerie stellt hier moderne Kunst aus. Spätsowjetische Gemütlichkeit mischt sich mit der gelassenen Gastfreundschaft mediterraner Privatpensionen – eine Atmosphäre, nach der man in Moskau lange suchen muss. „Wenn Sie bei uns wohnen wollen“, sagt Ljubow Wladimirowna, „müssen Sie rechtzeitig vorbestellen, wir sind immer auf zwei, drei Wochen im Voraus ausgebucht.“

Swertschkow (F 3) Swertschkow pereulok 8, Korpus 1, Tel. 925 49 78, Fax 925 44 36, Metro Kitaj-Gorod, Tschistyje Prudy, Lubjanka, DZ ab 2600 Rubel (83 €)

Minsk
(C 2) Twerskaja uliza 22
Tel. 299 12 13
Fax 299 03 62
Metro Puschkinskaja, Twerskaja
DZ ab 1200 Rubel (38 €)
Interieur und Service noch nach sowjetischer Art – also nicht unbedingt zum Wohlfühlen. Preis und Lage aber sind ausgesprochen günstig.

Pekin M
(C 2) Bolschaja Sadowaja uliza 5/1, Tel. 209 24 42, 209 22 15
Fax 200 14 20
Metro Majakowskaja
DZ ab 2000 Rubel (64 €)
Stalinsche Architektur, hohe Zimmerdecken. Möbel und Teppiche im sozialistischen Look. Doch drei Sterne für Sauberkeit und die gute verkehrsgünstige Lage.

Präsozialistischer Jugendstil-Prunk im Hotel Metropol

Rossija
(E/F 4) Warwarka uliza 6
Tel. 232 52 00, Fax 232 62 48
Metro Kitaj-Gorod
DZ ab 1700 Rubel (53 €)
Das größte Hotel Europas, ein ideal gelegener, gewaltiger Irrgarten zwischen Kreml und Moskwa. Auch hier warten noch viele der 3054 Zimmer darauf, dass die Breschnew-Ära wegrenoviert wird. Es empfiehlt sich auch für Einzelreisende, für 2800 Rubel ein moderner eingerichtetes Doppelzimmer zu buchen.

Schlafpalast im Zuckerbäckerstil: das Hotel Ukraina

Savoj M M
(E 2/3) Ul. Roschdestwenka 3
Tel. 929 85 00, Fax 230 21 86
Metro Kusnezkij Most
DZ ab 277 US$
Klein und sehr fein. Auf den Fluren hängen Gemälde aus der Akademie der Künste zum Verkauf, die Zimmer sind im zaristischen Empire-Stil gehalten. Ruhig, trotzdem zentral.

Ukraina
(A 4) Kutusowskij prospekt 2/1
Tel. 243 25 96, Fax 933 69 78
Metro Kiewskaja
DZ ab 85 US$
Durch den 198 Meter hohen Zuckerbäckerturm das zweithöchste Hotels Europas. Service und Ausstattung liegen über dem sonst üblichen postsowjetischen Niveau.

Warschawa
(D 7) Leninskij prospekt 2/1
Tel. 238 19 70
Fax 238 96 39
Metro Oktjabrskaja
DZ ab 3300 Rubel (103 €)
Wenig bekannt, gute Lage in der Nähe des Gorkij-Parks. Mäßiger Standard, doch Telefon, TV, Kühlschrank und Bad/WC.

Zentralnyj
(D 2) Twerskaja uliza 10
Tel. 788 05 00
Fax 292 12 21, 229 08 42
Metro Puschkinskaja, Twerskaja
DZ ab 960 Rubel (31 €)
Unter dem früheren Namen „Lux“ wurde das Hotel als Bleibe deutscher Emigranten in den dreißiger und vierziger Jahren des vorigen Jahrhunderts zur Legende. Ausstattung im Sowjetstil, etwas heruntergekommen, Toiletten auf dem Flur. Gute Lage.

MERIAN-Tipp

Familienanschluss

Russianguide
Marina Nemaltseva
www.russianguide.20m.com
russianguide@mail.ru
edmarina@inbox.ru
Agentur für die Vermittlung von Bed & Breakfast, aber auch privater Ein- bis Vierzimmerwohnungen bei Familien. Preise zwischen 20 und 140 US$ pro Tag je nach Größe und Lage.

Krone des Geschmacks: Selbst bei der Parade zum Moskau-Tag im September wird dem Bier gehuldigt

ESSEN & TRINKEN / SZENE

Der große Durst

Perestroika bei den Trinksitten: Plötzlich ist Bier das beliebteste alkoholische Getränk der Moskauer

Die Revolution ist schleichend, aber sie findet statt: Die Moskauer trinken statt Wodka immer mehr Bier, auch wenn es stetig teurer wird. Wer sich einst an den fad-bitteren Geschmack des sowjetischen Schigulowskoje Piwo gewöhnt hatte, traut heute seiner Zunge nicht: In Moskau fließt leichtes und durchaus schmackhaftes russisches Bier in Strömen. Fast alle Restaurants bieten inzwischen einheimische Fassbiere an, ein durchschnittlicher Moskauer Lebensmittelkiosk führt mehr als 40 Sorten. Ob flanierende Bankangestellte oder Studentinnen, im Sommer tragen sie ihren Biereinkauf in Flaschen oder Büchsen spazieren. Es gibt dunkles und helles Bier, Weizenbier, Bier mit Zitronen- und Kirschgeschmack, alkohol-freies Bier und 9,5-prozentiges Starkbier. Höhepunkt der Gerstensaft-Saison ist das einwöchige Moskauer Bierfest, bei dem Mitte Juli im Luschniki-Sportpark 600 000 Liter Bier ausgeschenkt werden.
Auf Moskaus Speisekarten tauchen neue *sakuski,* Imbisse, speziell zum Bier auf, etwa *brussotschki,* dunkles, in Knoblauchbutter gebratenes Brot, getrockneter Tintenfisch oder *grenki,* mit Käse und Knoblauch überbackene Brotscheiben. Und dutzendweise öffnen neue Bierrestaurants. Zum Leidwesen der Moskauer halten jedoch viele Kneipen teures Importbier noch immer für schicker.

Draußen

Jaranga M (D/E 3) Kamergerskij pereulok 6, Tel. 292 30 23, Metro Ochotnyj Rjad, Teatralnayja, tgl. 12-23 Uhr, Hauptgerichte 100-290 Rubel (3,30-9,50 €)
Vom Fass gibt es neben Westbieren „Sibirskaja Korona" und „Newskoje". Beide probieren, dazu *brussotschki* essen und den hübschen Moskauerinnen in Moskaus schönster Fußgängerzone hinterherschauen.

Drinnen

Wremja Jest. (B 1) Lesnaja uliza 1/2, Tel. 250 97 64, Metro Belorusskaja, tgl. 12-5 Uhr, Hauptgerichte 170-350 Rubel (5,50-11,50 €)
Eher erfolglos auf deutsch getrimmte, doch gerade deshalb nette junge Mittelklassekneipe mit russischen, tschechischen und deutschen Biersorten.

Solotaja Wobla (D 4) Starowagankowskij pereulok 19, Gebäude 7, Tel. 203 03 89, Metro Biblioteka imeni Lenina, tgl. 12-24 Uhr, Hauptgerichte 150-240 Rubel (5-8 €)
Zum Bier gibt es Livemusik und Fischgerichte.

Pjat Oborotow (E 3) Uliza Petrowka 16, Tel. 209 68 84, Metro Kusnezkij Most, Mo-Do 12-1, Fr-So 12-6 Uhr, Hauptgerichte 200-460 Rubel (6,60-15 €)
Der Bierkeller bemüht sich mit deutschem, tschechischem, irischem und russischem Bier um Oktoberfeststimmung. Parole: „Ein Meer von Bier, Wurst und Vergnügen".

Cafés

City Café
(A 3/4) Glubokij pereulok
Tel. 205 19 97
Metro Krasnopresnenskaja
tgl. 11-23 Uhr, Hauptgerichte 65-550 Rubel (2,10-17,50 €)
Die Cocktails sind bezahlbar, Frühstück gibt es ab 2 €, die Stimmung ist freundlich.

Coffee Bean M
(D 2) Twerskaja 10, Tel. 788 63 57
Metro Puschkinskaja, Twerskaja
Mo-Sa 8-23, So 9-23 Uhr
Auswahl unter 40 Kaffeesorten und dazu Gebäck vom Knoblauchbrötchen bis zum Käsekuchen mit angenehmen Tischnachbarn und freiem Blick auf die Prachtstraße.

Coffee House on Majakowskaja
(C 2) Bolschaja Sadowaja uliza 5/1-2 (im Hotel Pekin)
Tel. 209 24 42
Metro Majakowskaja
tgl. 0-24 Uhr
Eine der wenigen Adressen, um in Moskau einen preiswerten Cappuccino zu trinken. Die Sauberkeit der Toiletten hat in der Lokalpresse für Aufmerksamkeit gesorgt.

Datscha M
(G 3/4) Pokrowskij bulwar 18/16 (links um die Ecke in den Hof, klingeln)
Tel. 916 03 57, 924 24 73
Metro Kitaj-Gorod
tgl. 18-5.30 Uhr
Geräumig, hell, viel Boheme, die sich an der Landhausatmosphäre erfreut. Das Speiseangebot ist in Ordnung, aber leider muss man auf warme Gerichte bisweilen mehr als eine Stunde warten.

Loft Café M
(E 3) Uliza Nikolskaja 25, Einkaufszentrum Nautilus, 6. Etage, Tel. 933 77 13
Metro Lubjanka, tgl. 9-12 Uhr
Hauptgerichte 300-900 Rubel (9,50-29 €)
Gesalzene Preise, aber die Desserts schmecken, der Blick von der Dachterrasse auf den Lubjankaplatz mit der Geheimdienstzentrale ist bemerkenswert. James Bond würde in Moskau hier frühstücken.

Ritm and Blues
(D 4) Starowagankowskij pereulok 12, Gebäude 2
Tel. 203 65 56
Metro Biblioteka imeni Lenina
tgl. 12-5 Uhr, Hauptgerichte 250-600 Rubel (8-19,50 €)
Moskaus „Hardrock-Café", eröffnet von russischen Rockstars. Am Wochenende Bands und Discothek, im Sommer sitzt man im Hof.

Starlight
(C 2) Bolschaja Sadowaja ul. 16
Tel. 290 96 38
Metro Majakowskaja
tgl. 0-24 Uhr
Warme Gerichte vom Sandwich für 7,95 US$ bis zum Steak für 22 US$.
Das Frühstück auf der Terrasse ist amerikanisch, der morgendliche Garten im Sommer von herber Romantik. Vor allem nach der nächtlichen Disco.

Restaurants

Teuer

Beloje Solnze Pustyni
(E 2/3) Neglinnaja uliza 29-14
Tel. 209 75 25
Metro Zwetnoj Bulwar
tgl. 12-2.30 Uhr, Hauptgerichte 160-780 Rubel (5-25 €)
Ausstaffiert nach dem sowjetischen Kinowestern „Weiße Sonne der Wüste". Usbekische Küche für Promis, sehr gut und sehr teuer, selbst das Arme-Leute-Gericht *plow* (Pilaff) kostet 17 €.

Chljestakow Traktir
(L 2) 3-ja Frunsenskaja uliza 9, Gebäude 1, Tel. 257 26 92
Metro Frunsenskaja
tgl. 12-24 Uhr, Hauptgerichte 340-750 Rubel (11-24 €)
Russische Küche aus der Zeit, als Gogol seinen „Revisor" schrieb. Tipp: *son wosmoj ossipa*, in Sahnesauce gebackenes Hähnchenschnitzel mit sauren Äpfeln, *brusniki,* Apfelsinen und Reis.

Puschkin
(C/D 2/3) Twerskoj bulwar 26a
Tel. 229 55 90
Metro Puschkinskaja, Twerskaja, Tschechowskaja
tgl. 0-24 Uhr
Hauptgerichte 10-38 €
Restaurant über vier Etagen mit altrussischer, russischer und französischer Küche. Nur einTeil der Gäste genießt sie, der andere bescheidet sich mit Tee und guckt zu bei diesen ernomen Preisen.

Moderat

Djadja Wanja M
(D 2/3) Bolschaja Dmitrowka 17
Tel. 232 14 48
Metro Puschkinskaja
tgl. 0-24 Uhr, Hauptgericht 300-600 Rubel (10-20 €)
Kleines Restaurant neben dem Musiktheater, das an Tschechows Zeiten erinnert. Einfache schmackhafte Speisen.

Drova
(F 2/3) Mjasnizkaja uliza 24
Tel. 925 27 25

Sehen und gesehen werden: im Coffee Bean an der Twerskaja

Metro Tschistyje Prudy
tgl. 0-24 Uhr
Büffettrestaurants sind sehr beliebt, vielleicht, weil die beste Bedienung in Moskau noch immer Selbstbedienung ist. Für 9 US$ gibt es rund um die Uhr ein russisch-kaukasisch-japanisches Iss-soviel-du-willst.

Genatswale M M
(C 5) Uliza Ostoschenka 12-1
Tel. 202 04 45
Metro Kropotkinskaja
tgl. 12-24 Uhr, Hauptgerichte 150-250 Rubel (4,80-8,50 €)
Georgisches Spezialitätenrestaurant. Zu empfehlen die Vorspeisen ab 30 Rubel (1 €); die mit heißem Schafskäse gefüllten Fladenbrote (160 Rubel, 5 €), und Schaschlik zu 180 Rubel (6 €). Eingang rechts über dem Hof, die Fronttür führt zum teuren VIP-Saal.

Karetnyj Dwor
(B 3) Powarskaja uliza 52
Tel. 291 63 76
Metro Barrikadnaja, Krasnopresnenskaja
tgl. 12-23 Uhr, Hauptgerichte 150-250 Rubel (4,90-8 €)
Die Küche ist aserbaidschanisch, das Publikum kaukasisch, im Airan schwimmen frische Kräuter. Für 180 Rubel (6 €) gibt es Geflügelinnereien am Spieß. Sommergarten.

Petrowitsch M
(F 2/3) Mjasnizkaja ul. 24, Gebäude 3 (hintere Hofecke links)
Tel. 923 00 82
Metro Tschistyje Prudy
Mo-Fr 13-5, Sa/So 14-5 Uhr
Hauptgerichte 220-540 Rubel (7,10-17,40 €)
Russische Küche, internationale Livemusik, Publikum: Journalisten, Werbetexter, Polittechnologen, Boheme.

Preiswert

Grillbar Annuschka
(E 1/2) Zwetnoj bulwar 6a
Tel. 921 42 73, Metro Zwetnoj Bulwar, tgl. 11-22 Uhr
Düster-gemütlich, die Karte steht auf dem Tresen, die Soljanka kostet 35 Rubel (ca. 1 €),

M sehr gut M M herausragend M M M nicht zu übertreffen

100 Gramm Lachs 65 Rubel (2 €), tschechisches Staropramen-Bier 40 Rubel (1,30 €) – und die Kellnerin lächelt.

Chwantschkara M
(F 2) Lukow pereulok 16/2
Tel. 921 29 27
Metro Sucharewskaja
tgl. 11-24 Uhr, Hauptgerichte 200-300 Rubel (6,50-9,50 €).
Spottbillige, aber erstaunlich gute georgische Küche.

Kafe Doma Kompositorow M
(D 3) Brjussow pereulok 8/10
Tel. 229 30 89
Metro Ochotnyi Rjad
tgl. 12-23 Uhr, Hauptgerichte 50-240 Rubel (1,60-5,80 €)
Preise, als hätte der Sozialismus gesiegt. Das Steak kostet 60 Rubel (2 €), alles schmeckt. Das Publikum ist smart und der Parkettboden blitzt. Das Restaurant ist schwer zu finden: Eingang des „Hauses der Komponisten", dann links, die Treppe hoch und durch die Tür gegenüber der Gedenktafel für die im Krieg gefallenen Musiker.

Rjumotschka
(C/D 3) Bolschaja Nikitskaja uliza 22, Tel. 291 54 74
Metro Ochotnyi Rjad, Puschkinskaja, Twerskaja
tgl. 10-23 Uhr, Hauptgerichte 80-150 Rubel (2,50-4,90 €)
Deftige Küche und billiger Wodka locken schon tagsüber Professoren, Schauspieler und andere Vertreter der Intelligenzija.

Imbiss

Kartoschki
Eine einfache, aber gelungene Komposition: Heiße gebackene Kartoffeln mit Butter, Käse-, Truthahn-, Bohnen-, Pils-, Auberginen- oder Thunfischpaste füllen und im Imbisswagen an jeder Straßenecke der Innenstadt verkaufen. Und das für 25 Rubel (0,80 €) pro Kartoffel plus 10 Rubel (0,30 €) für eine Zusatzfüllung.

Szene

Die jungen Moskauer unterscheiden zwischen „pathetischen" und „demokratischen" Clubs. „Pathetisch" bedeutet: teure Klamotten, schicki-micki, Typen, die Geld zeigen, schöne Mädchen, die reiche Typen suchen, teure Getränke, strenge Gesichtskontrollen an der Tür. „Demokratisch" heißt locker, gemischtes Publikum, wenig Angeberei, preiswert, nette Türkontrolle.

Pathetisch

Garasch
(D 2) Twerskaja uliza 16
Tel. 209 18 48
Metro Tschechowskaja
Die letzte Station der Moskauer Nächte: Hier läuft gegen fünf Uhr morgens die goldene Jugend ein, um mit Champagner und Vocalhouse die Nacht ausklingen zu lassen.

Für die meisten Moskauer unbezahlbar: Luxus im Puschkin

Dschusto
(E 6) Bolschoj Tolmatschjowskij Pereulok 5, Gebäude 9
Tel. 953 65 95
Metro Tretjakowskaja
Beste Chance, an der Face-and-Dress-Control zu scheitern. Wenn man trotzdem reingekommen ist, sieht man was „in" ist: zu teures Sushi und traumhaft schöne, aber mordsgelangweilte Ölprinzessinnen.

Ministerstwo M M
(B/C 3) Malaja Nikitskaja uliza 24, Tel. 222 01 58
Metro Barrikadnaja
Nachfolgeclub des berühmten „Titanic" im Presseministerium, dementsprechend viel Schickimickis und Girls, die täglich viele Stunden vor dem Spiegel verbringen. Teure Drinks (50 Gramm Wodka 150 Rubel, 5 €). Alles mit einem Schuss

MERIAN-Tipp

Alternative Restaurant-Kultur

Auch in Moskau gibt es Orte, da frühstücken, lunchen, dinieren und trinken zu studentisch billigen Preisen Künstler, Poeten und schöne Frauen. Abends hört man Konzerte und Dichterlesungen, und rund um die Uhr gibt es im gut sortierten Buchladen sowjetische Nostalgie-Postkarten zu kaufen. Betreiber: die **Gesellschaft für Humanitäre Künste**, kurz **O.G.I.**. Inzwischen hat sie außer dem – ebenfalls nicht leicht zu findenden – Hauptquartier **Projekt O.G.I.** zwei weitere Buchkneipen-Cafés sowie eine Galerie mit Boheme-Restaurant aufgemacht.

Projekt O.G.I. (F 3) Potapowskij pereulok 8/12 (in den Hof, vordere linke Ecke, treppabwärts), Tel. 927 56 09, Metro Tschistyje Prudy, tgl. 0-24 Uhr, Hauptgerichte 90-290 Rubel (3-9,40 €)
Billig, buntes Volk als Publikum. Hier finden fast alle Veranstaltungen der Gesellschaft statt: Filmabende, Lesungen, Konzerte.

PIRO.G.I. (E 6) Pjatnizkaja uliza, Metro Tretjakowskaja, Nowokusnezkaja, tgl. 0-24 Uhr
Das Erdgeschoss erinnert mittags eher an eine Mensa.

Uliza O.G.I (E 3) Ul. Petrowka 26, Gebäude 8, Tel. 200 10 38, Metro Lubjanka, tgl. 8-24 Uhr, Hauptgerichte 200-680 Rbl (6,45-22 €).
Nicht billiges Restaurant mit Kunstgalerie und täglich wechselnder internationaler Speisekarte.

Pirogi (D 2/3) Bolschaja Dmitrowka 12/1 Gebäude 1, Tel. 292 64 57, Metro Ochotnyi Rjad, Teatralnaja, tgl. 0-24 Uhr, Hauptgerichte 90-290 Rubel (2,90-9,35 €)
Tagsüber eher langweilig, abends sammelt sich hier viel Jungvolk zum Start in die Tanzklubs.

Selbstironie. Witziges sowjetnostalgisches Interieur, Housemusic mit dem vielleicht besten Sound in Moskau, auf der Bühne Klasse-Tänzer, und intelligente Face-Controller.

Sufle
(B 2/3) Sadowaja-Kudrinskaja uliza 3a, Tel. 254 36 48
Metro Barrikadnaja
Das Publikum ist jung und fotogen, die Diashow nach Mitternacht erzsexistisch. Aber vor allem residiert hier DJ Asja (s. S. 41).

Zeppelin
(F 1) Prospekt Mira 7, Eingang von der Uliza Giljarowskogo
Tel. 207 23 92, 207 43 05
Metro Prospekt Mira, Zwetnoi Bulwar
Reinkommen ist auch hier Glückssache, drinnen bis drei Uhr nachts Leere (außer im hauseigenen Friseursalon), danach versammelt sich teuerst verpackte Körperkultur. Außer im „Propaganda" und im „Ministerstwo" gibt es hier die tanzbarste Musik Moskaus.

Demokratisch

Al Hambra
(C/D 7), Uliza Krymskij Wal uliza 10/14, Tel. 238 08 64
Metro Oktjabrskaja, Park Kultury
tgl. bis zum frühen Morgen, am interessantesten Do-So
Chef Nasim Nadirow, 41, Radio-DJ, TV-Journalist und die russische Autorität für Ethno-Musik, benimmt sich auch in seinem noblen Club, als wäre es eine Wohnküche der sowjetischen Intelligenzija. Ob er mit sibirischen Kehlkopfsängern, ARD-Korrespondentinnen oder tadschikischen Bauarbeitern palavert: Nasim ist freundlich, klug und trinkfest.

B2
(C 2) Bolschaja Sadowaja ul. 8
Tel. 209 99 09
Metro Majakowskaja
So mag es Moskaus junge Mittelklasse: ein auf Fabrikhalle getrimmtes Unterhaltungszentrum mit Biergarten, Sushi-Bar, Billardhalle und warmem Buffet. Originell sind die russischen Rock- und Popkonzerte.

Kitaiskij Ljotschik Dschao Da M
(F 3/4) Lubjanskij projesd 25-1
Tel. 924 56 11, 923 28 96
Metro Kitaj-Gorod
Täglich Konzerte, Rock aus Petersburg, Ethno aus Mordwinien. Das Publikum ist studentisch, unangestrengt und kaum geschminkt, ein Hauch eurasischer Underground.

Krasnaja Schapotschka
(D 2) Twerskaja uliza 10
Tel. 933 75 73
Metro Puschkinskaja, Twerskaja, Tschechowskaja
Die Männerstrips im „Rotkäppchen" begeistern die Moskauerinnen: „Und dann haben die Jungs mich auf die Bühne gehoben und im Handumdrehen ausgezogen." Eintritt für Damen 500 Rubel (16 €), Herren werden 3500 Rubel (115 €) und Courage abgenötigt.

Kult M
(G 4/5) Jauskaja uliza 5
Tel. 917 57 06
Metro Kitaj-Gorod
Hier ist man jung und locker, spielt Backgammon oder Schach, hört House, trinkt Tee oder russisches Fassbier. Gut zum Aufwärmen oder Chillen.

Moskwa 28
(C 7) Frunsenskaja nabereschnaja (gegenüber dem Gorkij-Park)
www.boat.gab.ru
Metro Park Kultury
Ab Frunsenskaja Nabereschnaja um 20 Uhr, legt um 24 und um 2 Uhr wieder an.
Eintritt 200 Rubel (6,60 €)
Der Disco-Ausflugsdampfer schaukelt die Moskauer Jugend eine Sommernacht lang über die Moskwa.

Swalka M
(L 3) Profsojusnaja uliza 27/1
Tel. 120 51 44, 128 78 23
Metro Profsojusnaja
Als Limousinenschrottplatz gestylt, von Studenten einerseits und kraftprotzender Vorstadt-Schickeria andererseits bevölkert. Auch wochentags wird Rock oder Industrial gespielt – von lokalen Schülerbands, aber auch von Profis aus St. Petersburg, Sibirien oder aus Westeuropa.

Von der Kunst, reingelassen zu werden

Auch Westtouristen macht Moskau das Nachtleben schwer. Ausländer sein ist ein Plus, aber keine Garantie für das Wohlwollen Moskowiter Türsteher. Gerade *pafosnije*, also „pathetische" Edelclubs wählen ihre Gäste nach einem schwer durchschaubaren Face-and-Dress-Controllcode aus. Die Zerberusse vor dem In-Tempel „Dschusto" achteten, so heißt es, besonders auf den Gesichtsausdruck, während man vor dem auch so überteuerten (1000 Rubel / 30 € Eintritt) und berüchtigt langweiligen „Most", die Garderobe der Kandidaten auf eine Mindest-Muss-Summe von 2000 US$ taxiere. **Unser Tipp:** Untereinander deutsch reden, aber nicht zu laut, dabei ein Gesicht machen, als habe man gerade den Fahrer seines 500er Mercedes zum Champagnereinkaufen weggeschickt. Und an jeder Warteschlange vorbeimarschieren. Der Sturmangriff klappt, wenn die Athleten am Tor selbiges Schulter zuckend frei machen, er ist gescheitert, wenn sie nach Einladung oder Klubkarte fragen: „A klubnaja kartotschka jest?". Höflich auf Englisch umschalten und erklären, man sei neu in Moskau, hätte gehört, der Laden sei „quite nice", man wolle ihn sich mal anschauen. Blocken die Wächter weiter: Nach dem Chef fragen, argumentieren, an russische Gastfreundschaft appellieren. Wenn auch das nicht klappt, hat es keinen Zweck, die Herren mit Schmiergeldangeboten zu beleidigen. Wenn man unbedingt hinein will, bleibt man fünf Minuten stehen, eröffnet die Diskussion noch einmal mit den gleichen Argumenten. Länger warten lohnt nicht. Im jedermann zugänglichem **Propaganda** etwa amüsiert man sich mindestens genauso gut.

Propaganda M M **(F 3) Bolschoj Slatoustinskij pereulok 7, Tel. 924 57 32, 923 34 94, Metro Kitaj-Gorod, Lubjanka, tgl.**
Wochentags ein ruhiger Ort für Business-Lunch oder Bier, am Wochenende die zivilisierteste Discothek Russlands, angelsächsische DJs, fremdsprachenfestes Volk.

Vergnügen ohne Stress an der Tür: Disco im „Propaganda"

M sehr gut M M herausragend M M M nicht zu übertreffen

Festung der Macht

Vom Kreml aus regierten Zaren und Kommunisten

Der Kreml ist das Kernstück der Moskauer Architektur, gleichzeitig das finster rote Symbol für Russlands Vergangenheit, seine Macht und die Unarten seiner Mächtigen, von Iwan dem Schrecklichen bis zu Josef Stalin. Dabei hat der Kreml, 1156 erstmals urkundlich erwähnt, als Festung nie viel getaugt. Nicht mit den Holzpalisaden, die Fürst Iwan Kalita 1340 wiedererrichten ließ, nicht mit der Weißsteinmauer aus dem Jahr 1367, auch nicht mit dem 2235 Meter langen und bis zu 19 Meter hohen ziegelroten Mauerring lombardischer Bauart, der 1495 nach Plänen der italienischen Architekten Ruffo und Solari fertiggestellt wurde. 1610 eroberten die Polen den Kreml im Handstreich, 1612 wurden sie von den rebellierenden Moskauern wieder hinausgeworfen, 200 Jahre später kamen die Franzosen und schleppten das Ikonengold der Uspenskij- Kathedrale davon. Im Herbst 1917 stürmten erst zarentreue Offiziersjunker die Museumsfestung, dann bolschewistische Rotgardisten.

Im März 1918 bezog hier Wladimir Lenin ein spartanisches Quartier, der Kreml wurde kommunistische Kultstätte, Schaltzentrale des Sowjetsystems. Sein Name geriet spätestens unter Stalin zum Synonym für Undurchschaubarkeit, Gewalt und Willkür.

40 Jahre lang war der Kreml für normale Sterbliche nicht zugänglich, erst nach Stalins Tod ließen seine Nachfolger die Rüstkammer und die Kathedralen für Touristen öffnen, aber bis heute ist der amtliche Trakt der russischen Präsidentenresidenz verbotene Stadt, noch immer leuchten darüber die rubinroten Sowjetsterne, die Stalin 1937 installieren ließ. Ausländische wie russische Kreml-Astrologen spekulieren auch heute weiter heftig über Sinnen und Treiben hinter den Mauern. Etwa darüber, wie viele Millionen Dollar bei der Prunkrenovierung des Komplexes in den neunziger Jahren veruntreut wurden. Weiter flüstern Moskauer Babuschkas ihren Enkeln Entsetzliches über die dunklen Flecken auf den Ziegelsteinen der Mauer am Wassiljewskij Spusk zu, die angeblich blutige Spuren der Martern in den mittelalterlichen Verliesen des meterdicken Gemäuers sind. Kein Wunder, dass nach Lenin sämtliche späteren Kreml-Herrscher Wohnsitze außerhalb dieser Mauern vorzogen, selbst Stalin.

Kreml (D/E 4) Eingang Metro Aleksandrowskij Sad
Tel. 202 37 76, 203 03 49, 203 80 86 (Internationales Büro)
www.kremlin.museum.ru, Fr-Mi 10-17
Kassen 9.30-16.30 Uhr am Kutafja-Tor,
auf dem Sobornaja ploschtschad und an der
Rüstkammer, Eintritt 250 Rubel (7 €)

Die wichtigsten Baudenkmäler

Wie auch in anderen altrussischen Großsiedlungen wurde der Kreml als befestigter Stadtkern angelegt, in dem die Häupter der weltlichen und geistlichen Macht ihrer Ämter walteten und wohnten. Dementsprechend prachtvoll sind die Architekturdenkmäler auf dem 28 Hektar großen Gelände innerhalb des Mauerrings.

Archangelskij Sobor
Erzengel-Kathedrale
Sie gilt als die schönste im Kreml, hier stehen 48 Sarkophage, in denen Moskauer Großfürsten und Zaren liegen, u.a. Iwan der Schreckliche.

Blagoweschtschenskij Sobor
Mariä Verkündigungs-Kath.
Kirche des Moskauer Hochadels. Von den Wandfresken aus dem 16. Jh. sahen alttestamentliche Propheten und antike Philosophen auf noble Trauungen und Taufen herab.

Kolokolnja Iwano Welikogo
Glockenturm Iwan der Große
Der 1508/1600 errichtete Glockenturm „Iwan der Große“ ist 81 Meter hoch und ist mit durch Eigelb verdicktem Mörtel so solide gemauert, dass Napoleons Versuch, das Bauwerk 1812 in die Luft zu jagen, nur einen langen Riss bewirkte. Die daneben aufgestellte Protzkanone „Zar Puschka“ von 1586 hat ein Kaliber von 890 Millime-

tern, ein Gewicht von rund 40 Tonnen – und war artilleristisch völlig unbrauchbar. Unbrauchbar auch die gigantische, 210 Tonnen schwere Zarenglocke – sie hat einen Sprung.

Oruschejnaja Palata
Rüstkammer
Die Kronen, Throne, Prunkkarossen, -sättel und -säbel der Zaren und Großfürsten – eine Leistungsschau der Juwelier- und Goldschmiedekunst.

Patriarschii Dworez
Patriarchen-Palast
Heute ein Museum mit Kunsthandwerk des 17. Jahrhunderts, auch Schachspiele, Uhren, Jagdutensilien mehrerer Zaren und Patriarchen. Für den Kreml ein vergleichsweise gemütlicher Ort.

Uspenskij Sobor Mariä-Entschlafens-Kathedrale
In der Hauptkathedrale des Kremls (1479) wurden die Zaren gekrönt und die russisch-orthodoxen Patriarchen geweiht. Die ältesten Ikonen stammen aus dem 11. Jahrhundert.

Zerkow Risopoloschenija
Mariä-Gewandniederlegungs-Kathedrale
In der Hauskirche der Patriarchen gibt es eine fast heidnisch anmutende Sammlung hölzerner Heiligenfiguren, die man auf Hausfluren und Wegkreuzungen postierte, um allerlei Teufeln den Weg zu verlegen.

Der Kreml

1 Borowizki-Turm
2 Rüstkammerturm
3 Rüstkammer
4 Alexandergarten
5 Kommandantenturm
6 Kongresspalast
7 Kutafja-Turm
8 Dreifaltigkeitsturm
9 Arsenal
10 Platz der Manege
11 Arsenal-Eckturm
12 Nikolausturm
13 Roter Platz
14 Großer Kreml-Palast mit Georg-Saal
15 Mariä-Gewandniederlegungs-Kathedrale
16 Mariä-Entschlafens-Kathedrale
17 Patriarchen-Palast
18 Zwölf-Apostel-Kathedrale
19 Zarenkanone
20 Residenz des Präsidenten der Russischen Föderation
21 Senatsturm
22 Lenin-Mausoleum
23 Mariä-Verkündigungs-Kathedrale
24 Erzengel-Kathedrale
25 Glockenturm Iwan der Große
26 Zarenglocke
27 Ehem. Präsidium des Obersten Sowjets, heute Präsidialverwaltung
28 Erlöser-Torturm (Spasski-Turm)

Tretjakow-Galerie: Der Gründer vor altrussischer Fassade

„Unbekannte" von I. N. Kramskoi (1883), Öl auf Leinwand

„Morgen im Kiefernwald" von I. I. Schischkin (1889) Öl auf Leinwand

SEHENSWERT

Tretjakows Schätze

Einem enthusiastischen Industriellen verdankt Russland seine bedeutendste Kunstsammlung

Pawel Tretjakow war ein Industrieller mit einer Passion. Vor 150 Jahren träumte er von einer Kunstsammlung, aus der irgendwann eine russische Nationalgalerie hervorgehen sollte. Heute ist die **Tretjakow-Galerie** nicht nur die umfassendste Kunstsammlung des Landes, sondern auch die beste Kollektion russischer Kunst weltweit. Sie umfasst 100 000 Werke aus neun Jahrhunderten; die kostbarsten Ikonen des Landes haben in ihr genauso ihren Platz wie Werke von Marc Chagall oder Wassily Kandinsky. Tretjakow begann 1856, im Alter von 24 Jahren, die ersten Bilder zeitgenössischer Künstler zu kaufen. „Ich brauche keine fantastischen Kompositionen, keine Wunder", schrieb der junge Kaufmann damals, „gebt mir eine schmutzige Pfütze, wenn ihr wollt, aber lasst Wahrheit darin sein und Poesie. Poesie kann in allem liegen, das ist das Vermögen des Künstlers". Sein Verständnis von Ästhetik brachte Tretjakow um 1870 in Kontakt mit der Gruppe der *peredwischniki,* der „Wanderer", die eine der bedeutendsten Stilrichtungen der russischen Kunst überhaupt repräsentiert. Die „Wanderer" kehrten sich ab von der idealisierenden Kunst, hin zum Realismus. „Sozial relevant" sollten ihre Werke sein, Malern wie Iwan Kramskoi, Wassilij Perow und Ilja Repin ging es nicht um Schönheit, sondern um Aufklärung, aus ihren Bildern sollte der Charakter der dargestelten Figuren sprechen. Die Sympathie zwischen Sammler und Künstlern war gegenseitig, Tretjakow kaufte die Kunst der *peredwischniki* im großen Stil und legte damit den Grundstein der zukünftigen nationalen Gemäldesammlung. Im Gegenzug zeigten viele Künstler ihre Werke zuerst Tretjakow und warteten sein Urteil ab, bevor sie an die Öffentlichkeit gingen. Ilja Repin sagte, Tretjakow allein sei die Existenz einer ganzen russischen Kunstschule zu verdanken. 1892 überließ Tretjakow seine Sammlung mit rund 2000 Werken der Stadt Moskau. Bis zu seinem Tod 1898 war er Direktor der Galerie. Sein Haus im Stadtteil Samoskworetschje wurde immer wieder erweitert und schließlich durch ein neues Gebäude ersetzt, um die ständig wachsende Zahl der Exponate fassen zu können. Als die Sowjets nach der Oktoberrevolution private Kunstsammlungen verstaatlichten und sakrale Kunst aus Kirchen und Klöstern konfiszierten, stiegen die Bestände um das Fünffache. Der Bau der **Tretjakow-Galerie,** vom Architekten Wiktor Wasnezow mit einer neo-altrussischen Fassade verziert, kann die Massen an Exponaten längst nicht mehr fassen. Auch deshalb wurde 1998 an der Uliza Krymskij Wal die **Neue Tretjakow-Galerie** eröffnet, in die die Kunst des 20. Jahrhunderts ausgelagert wurde. Ehemals geächtete Werke wie das Schwarze Quadrat von Kasimir Malewitsch sind hier jedoch die Ausnahme, ein Großteil der Exponate ist im Stil des sozialistischen Realismus gehalten und zeigt die unter Stalin verordnete kulturelle Doktrin. Wahrscheinlich hätte Pawel Tretjakow selbst seine Sammlung in eine andere Richtung gelenkt.

Tretjakow-Galerie (E 6) Lawruschinskij per. 10, Tel. 951 13 62, Metro Tretjakowskaja, Di-So 10-19.30 Uhr, Eintr. 225 Rubel (7,30 €)
Neue Tretjakow Galerie (D 6/7) Ul. Krymskij Wal 10, Tel. 238 13 78, Metro Park Kultury, Di-So 10-19.30 Uhr, Eintritt 225 Rubel (7,30 €)

Sehenswertes

The Academy Club
(L/M 2) Leninskij prospekt 32a
Tel. 938 57 75
Metro Leninskij Prospekt
Mo-Do 13-4, Fr-So 16-6 Uhr
Bar und Restaurant im 22. Stock des Gebäudes der Russischen Akademie der Wissenschaften sind mittelklassig, aber die nächtliche Aussicht auf Moskau ist fantastisch.

Gorkij-Park
(C/D 7) Uliza Krymskij Wal 9
Metro Park Kultury
In dem 1928 angelegten Kultur- und Erholungspark mit vielen Freizeitmöglichkeiten befindet sich u. a. die Raumfähre „Buran". Der Skulpturenpark gegenüber ist eine kuriose Ansammlung demontierter Denkmäler, deren Heroen den Zeitläufen zum Opfer gefallen sind: Stalin, Chruschtschow, Dserschinskij – Bronzemonster der Sowjetzeit. In diesem Skulpturen-Gruselkabinett sind sie unter sich.

Lenin-Mausoleum
(E 4) Roter Platz
Tel. 923 55 27
Metro Ploschtschad Rewoljuzii, Ochotnyi Rjad
Di-Do, Sa-So 10-13 Uhr
Eintritt frei
Das Allerheiligste des untergegangenen Sowjetimperiums. Ist der Einbalsamierte echt oder aus Wachs? Reinschauen, bevor Lenin doch noch beerdigt wird.

Nowodewitschij Monastyr
Neues Jungfrauenkloster
(L/M 2) Nowodewitschij projesd 1
Tel. 246 85 26
Metro Sportiwnaja
Mi-Mo 10-16.45 Uhr
(Gelände 10-18 Uhr)
Das Jungfrauenkloster beherbergt eine reiche Ikonensammlung. Die Gebäude und Gärten zwischen den Mauern der Klosterfestung vermitteln auch ein Gefühl für das Leben im Moskau des Mittelalters.

Neuer Vogelmarkt
(M 3) Moskauer Ringautobahn, Uliza Werchneje Polje
Di-Fr 9-18, Sa-So 7-18 Uhr
Leider vor einigen Jahren an die Peripherie ausgelagert. Hier kaufen die für ihre Tiermanie bekannten Moskauer sibirische Katzenbabys, Ameisen fressende Giftfrösche, Brieftauben, Krokodile (auf Bestellung), Ziegenböcke oder sprechende Aras.

Worobjowy Gory
Sperlingsberge
(L 2/3) Metro Worobjowy Gory
Der Blick von der Aussichtsplattform auf den Sperlingshügel gilt nicht nur Besuchern sondern auch allen Moskauer Brautpaaren als Muss. Spannend wird es am Wochenende, wenn nachts auf der Allee zwischen Plattform und Staatsuniversität spontane Autorennen starten.

Museen

Majakowskij-Museum
(F 3) Lubjanskij projesd 3/6
Tel. 921 93 87, 928 25 69
Metro Lubjanka
Mo-Di 10-18, Do 13-21, Fr-So 10-18 Uhr
Eintritt 60 Rubel (1,95 €)
Die Exponate erinnern nicht nur an den futuristischen Kultdichter, sondern auch an die plakative Kultur der ersten Revolutionsjahre.

Moskowskij Dom Fotografii
Haus der Fotografie
(C 6) Uliza Ostoschenka 18
Tel. 231 33 25
Metro Kropotkinskaja
Di-So 11-20 Uhr
Eintritt 50 Rubel (1,60 €)
Wechsel von internationalen und vaterländischen Ausstellungen mit Bildern vom Schlitten fahrenden Fidel Castro bis zum letzten Schrei der russischen Aktfotografie.

Musej Awtougona
Autodiebstahlsmuseum
(L 2) Koptewskaja uliza 71
Tel. 974 08 99
Metro Wojkowskaja, Wodnyj Stadion, Mo-So 10-20 Uhr
Eintritt frei
Alles über eines der klassischsten Phänome der russischen Kriminalität: Autodiebstahl. Von der Limousine, die ein dreister Dieb Stalin einst geklaut hatte, bis zu dem Bäreneisen, mit dem ein Autofahrer seinen PKW vor Langfingern schützen wollte.

Musej Drewnerusskoj Kultury i Isskustwa im. Andreja Rubljowa
Andrej-Rubljow-Museum für Altrussische Kunst
(I 5), Andronjewskaja ploschtschad 10,Tel. 278 14 67
Metro Taganskaja, Ploschtschad Iljitscha, Rimskaja
Do-Di 11-18 Uhr
Eintritt 85 Rubel (2,80 €)
Beeindruckende mittelalterliche Kunst- und Ikonensammlung im Andronikow-Kloster, das von dem berühmtesten russischen Ikonenmaler Andrej Rubljow ausgemalt wurde.

Musej Drugoje Iskusstwo
Museum der anderen Kunst
(C 1) Uliza Tschajanowa 15
Tel. 250 61 93
Metro Nowoslobodskaja, Mendeljewskaja
Mo-Fr 10-17 Uhr
Eintritt 5 Rubel (0,20 €)
Die Untergrundkunst der Chruschtschow- und Breschnew-Ära – materialisierter Geist des Dissidententums, das dazu beitrug, die Sowjetmacht zu ruinieren.

Musej Isobrasitelnych iskusstw imeni A.C. Puschkina
Puschkin-Museum für Bildende Künste
(D 5) Uliza Wolchonka 12
Tel. 203 95 78, 203 74 12
Metro Kropotkinskaja
Di-So 10-19 Uhr
Eintritt 225 Rubel (7,10 €)
Das führende Museum für nichtrussische Kunst von Botticelli über Picasso bis zum Schliemann-Gold.

Kolomenskoje
Freilichtmuseum Kolomenskoje
(M 3) Prospekt Andropowa 39
Tel. 112 52 17
Metro Kolomenskaja
Park: tgl. 10-19 Uhr
Museum: Di-So 10-17 Uhr
Ab dem 16. Jahrhundert war das Dorf Kolomenskoje südlich der Innenstadt der beliebteste Landsitz der Zaren. Das älteste erhaltene Gebäude ist die 1532 erbaute Christi-Himmelfahrts-Kirche. Nach der Revolution wurde der Park zum Architekturmuseum. Aus ganz Russland brachte man Bauten auf das Gelände, auch das restaurierte Blockhaus von Peter dem Großen aus Archangelsk.

Musej Kosmonawtiki
Raumfahrtmuseum
(M 2) Prospekt Mira 111
Tel. 283 79 14,
Metro WDNCh
Di-So 10-18 Uhr
Eintritt 20 Rubel (0,70 €)
Vom ersten russischen Sputnik über den ersten russischen Hund im All bis zu Jurij Gagarin, dem ersten Kosmonauten – wehmütige Erinnerungen an die verblühten sowjetischen Siege im Wettrennen um den Weltraum.

Antike Skulpturensammlung im Puschkin-Museum

Im Bolschoi-Theater: klassisch-konservativer Kulturgenuss von Weltrang

Park Pobedy
Zentralnyj Musej Welikoj Otetschestwennoj Woiny
Museum des Großen Vaterländischen Krieges
(L 2) Ploschtschad Pobedy 2
Tel. 1424911
Metro Kutosowskaja
Di-So 10-16 Uhr
Eintritt 80 Rubel (2,60 €)
Der Park des Sieges ist mit dem dazugehörigen Museum eine Dauerausstellung zur Erinnerung an den „Großen Vaterländischen Krieg".

Kunst & Kultur

Karten für Theater oder Oper bekommt man u.a. an den zahlreichen Ticketständen in den U-Bahnhöfen oder neben den Metrostationen.

Bolschoi-Theater
(E 3) Teatralnaja ploschtschad 1
Tel. 2920050, 2929986
Metro Teatralnaja
Tickets an der Theaterkasse
Mo-So 12-19 Uhr
Die Tänzer sind Weltspitze, die Tenöre auch, und das in einem der prächtigsten Jugendstilsäle Europas. Allerdings sind die Aufführungen erzkonservativ.

Galerie Marat Gelman
(D/E 6) Ul. Malaja Poljanka 7/7, Gebäude 5
Tel. 2388492, 2382793
Metro Poljanka
Der Galerist Marat Gelman gehört inzwischen zu den eifrigsten postsowjetischen Polittechnologen. Die russischen Künstler aber, die er nach wie vor ausstellt, sind vielseitiger und spannender als die Kandidaten, für die er jetzt Wahlkämpfe organisiert.

Galerie Ridschina
(B/C 1) 1-ja Twerskaja-Jamskaja uliza 22, Tel. 2508571
Metro Majakowskaja, Belorusskaja
Happenings und Ausstellungen zielen mehr auf Schockeffekte als auf ästhetische Genüsse, um das Image der wildesten Galerie der neunziger Jahre zu verteidigen.

Galerie Wachtanow
(C/D 7) Uliza Krymskij Wal 10 (Zentralnyi Dom Chudoschnikow, Halle 1)
Tel. 2381044, www.kukla.ch.ru
Metro Oktjabrskaja, Park Kultury, Di-So 11-20 Uhr
Antike und zeitgenössische Puppen und Stofftiere russischer und ausländischer Meister.

Gelikon Opera
Helikon-Oper
(C 3) Bolschaja Nikitskaja ul. 19
Tel. 2906592, www.helikon.ru
Metro Biblioteka imeni Lenina,

Arbatskaja, Puschkinskaja
Tickets Mo-So 12-19 Uhr
Mehr für fröhliche und freizügige Aufführungen der Opern- und Operettenklassik berühmt als für die akustischen Reize der Sänger und Musikanten.

Gnesdo Glucharja
(C 3) Bolschaja Nikitskaja ul. 22
Tel. 291 93 88
Metro Arbatskaja
Publikum und Küche im Klub „Auerhahnnest" scheinen aus der Breschnew-Ära zu stammen. Ebenso die Barden, die zur Gitarre die Lieblingslieder der sowjetischen Intelligenzija vortragen.

Jazz Art Club
(D 7) Leninskij prospekt 20, Bulgarischer Kulturklub
Tel. 250 41 73, www.jazz.ru
Metro Belorusskaja
Hier konzertieren regelmäßig die besten der russischen Jazzbands zu bescheidensten Eintrittspreisen zwischen 2 und 4 €.

Moskauer Konservatorium M M M
(D 3/4) Bolschaja Nikitskaja uliza 11-13
Tel. 229 74 12 (Großer Saal)
Tel. 229 74 46 (Kleiner Saal)
Tel. 229 02 94 (Rachmaninow-Saal), Metro Ochotnyi Rjad
Was Solisten, Orchester und Akustik angeht, eine der ersten Adressen Europas. Und was das Publikum angeht, eine der ersten Adressen Moskaus.

Nikulin-Zirkus M
(E 1/2) Zwetnoj bulwar 13
Tel. 200 06 68
Metro Zwetnoj Bulwar
www.circusnikulin.ru
Berühmt für seine Clowns, aber auch die Artisten stammen aus der besten Zirkusschule des Landes.

Nowaja Opera Neue Oper
(D 1) Ul. Karetnyi Rjad 3 im Ermitage-Park
Tel. 200 08 68, 200 13 26
www.novayaopera.ru
Metro Tschechowskaja
Anspruchsvolles Repertoire, originelle Aufführungen. Orchester und Chor gelten als die besten in der Stadt, die Akustik leider nicht.

Slawjanskij Dom
Slawisches Haus
(M 2), Gontscharnaja nabereschnaja 3, Gebäude 5
Tel. 915 68 31
Metro Taganskaja
Mo-Fr 11-19, Sa 11-18 Uhr
Galerie für exklusives Porzellan, teure Originalstücke königlich-ungarischer Abstammung oder aus der berühmten Lomonossow-Manufaktur.

Die prächtigen Zarenkronen im Kreml-Museum

Gosudarstwennyi Zirk
Staatszirkus
(L 3) Prospekt Wernadskogo 7
Tel. 930 02 72, 930 13 26
Metro Uniwersitet
Die in dieser Zirkuskathedrale gezeigten Nummern sind Spitze, haben aber meist lange sowjetische Bärte.

Stanislawskij
Theater der Musik
(C 2) Ul. Bolschaja Dmitrowka 17
Tel. 299 72 24, 299 76 21
Metro Puschkinskaja, Tschechowskaja
Wenn es keine Karten mehr fürs Bolschoi gibt, kann hier jeder Ballettfan Beinarbeit bewundern, an die er sich noch Jahre erinnern wird.

Süßer Ruhm

Moskaus Schokoladenseite heißt Roter Oktober. Eine Naschwarenfabrik mit großer Tradition

Der Rote Oktober ist wie die erste Liebe. Süß, zart und bitter. Die Werbestrategen der berühmtesten und ältesten Moskauer **Schokoladenfabrik Krasnyj Oktjabr,** zu Deutsch „Roter Oktober“, spielen gerne mit romantischen Bildern. Seit 1893 wird in den Werksgebäuden in Sichtweite des Kreml Schokolade fabriziert. Der deutsche Konditor Ferdinand Theodor Einem gründete das Unternehmen 1867 als „Schokoladenfabrik Einem“. Ein Vorzeigebetrieb, der 1913 zum Hoflieferanten des Zaren erkoren wurde und den russischen Adel mit zartbitteren Pralinen und feinsten Schokoladen belieferte.

Nach der Oktoberrevolution übernahmen die Bolschewiki das Kommando, legten die Firma für eineinhalb Jahre still und benannten sie schließlich in „Staatliche Schokoladenfabrik Nr. 1, ehemals Einem“ um. Als hohe Auszeichnung der Sowjets erhielt sie 1922 ihren heute noch gültigen Namen: „Roter Oktober“. Seit den zwanziger Jahren mischt die Firma Konfekt- und Schokoladenkreationen, die die meisten Russen heute noch schwach werden lassen: die Pralinenmischung *Juschnaja notsch*, „Südliche Nacht“ oder *Mischka kossolapyj*, die Schokolade vom „Tolpatschigen Mischka-Bär“. Ihr Geschmack ist Moskaus kollektive Kindheitserinnerung.

Mittlerweile bemüht sich die Firma, das Sortiment zu erweitern. Die Geleewürfel auf Möhrenbasis sind vergleichsweise neu im Programm, genauso das „Sibirische Karamell“, das gut für die Leber sein soll. Dennoch sind es die Klassiker, die das Sortiment prägen: Konfekt, das „Abendmelodie“ heißt oder *Slava*, „Ruhm“. Die Verpackungen stammen aus der Zarenzeit, zeigen Schlittentroikas, Puschkins Märchen oder die kleine Aljonka mit großen Augen und Kopftuch, außerdem viel Gold, viel Rot. Die Geschäftsführer sind sicher: „Die Menschen werden immer Geld für Süßes ausgeben.“ Sie kaufen zwar auch die süßen, hellen Schokoladenriegel aus dem Westen, die überall auf der Welt gleich aussehen, das kalkuliert man beim „Roten Oktober“ mit ein. Aber wenn es um echten Genuss geht, so hofft man, wählen Moskowiter die Schokolade des „Roten Oktober“: zartschmelzend und bitter – wie die erste Liebe.

Schokoladenfabrik Krasnyj Oktjabr (D 5/6) Englischsprachige Führungen durch die Fabrik und das Firmenmuseum über Patriarshy Dom Tours, www.russiatravelpdtours.netfirms.com, Tel. 795 09 27. Fabrikverkauf von Konfekt in großer Auswahl im Handelshaus (Torgowyj Dom) „Roter Oktober“, Bersenewskaja nabereschnaja 16, Mo-Fr 9-13, 14-20, So 10-13, 14-17 Uhr

Russische Schokoladenkäufer geben sich mit schlichtem Lila nicht zufrieden. Sie wollen Süßes in bunten Bildern, Gold und kräftigen Farben verpackt

Schmuck, Samoware und Ikonen

Solotaja Kniga
(E 3) Kusnezkij Most uliza 19
Tel. 921 22 98
Metro Kusnezkij Most
Mo-Fr 10-20, Sa 11-19, So 12-18 Uhr
Übersichtliche Auswahl antiker Samoware und Ikonen (nach dem Alter fragen), meist unter 200 €, außerdem Gold- und Silberschmuck.

Antikwarnaja Galereja N. Klujewa
(B 5-C 4) Uliza Arbat 23
Tel. 291 71 58, Metro Arbatskaja
Mo-Sa 11-20, So 11-18 Uhr
Antiquitäten und Kunstgegenstände russischer und europäischer Herkunft, Preise meist über westlichem Niveau.

Souvenirs

Vernissage
(M 2) Ismailowskij Park, hinter dem Hotelkomplex Ismailowo, Sa/So 8-20 Uhr
Metro Ismailowskij Park
Flohmarkt. Außer den üblichen Samowaren und Matrjoschkas auch viel sowjetischer Tand.

Russkije Usory
(E 3) Uliza Petrowka 16
Tel. 923 39 63
Metro Kusnezkij Most
Mo-Sa 10-19, So 11-17 Uhr
Preisgünstige russische Souvenirs und Kunsthandwerk von der Bernsteinkette bis zum beinernen Frauenkamm.

Russkij Promysl
(B 5-C 4) Uliza Arbat 4
Tel. 291 70 76, www.artshop.ru
Metro Arbatskaja
tgl. 9.30-20.30 Uhr
Breite Auswahl russischer Volkssouvenirs. Die billigste Matrjoschka kostet 39 Rubel (1,30 €), die teuerste 23 000 Rubel (740 €). Der letzte Schrei der postsowjetischen Geschenkindustrie sind Zinnfiguren von Iwan dem Schrecklichen bis zu Präsident Putin.

Arbatskaja Kollekzija
(B 5-C 4) Uliza Arbat 12
Tel. 291 93 00, Metro Arbatskaja
tgl. 9.30-20.30 Uhr
Geschenke für den exquisiten Geschmack, das Schachspiel „Zweiter Weltkrieg“ etwa für 19 000 Rubel (600 €), die schwarzen Bauern tragen SS-Uniform, als Damen fungieren Hitler und Stalin. Aber es gibt auch eine 26-teilige Matrjoschka, an der die Künstlerin Jelena Jefremowa sechs Monate lang gearbeitet hat: für geradezu bescheidene 61 800 Rubel (2000 €).

Mode

ARTSCHimidsch
(M 2) Prospekt Mira 99 (linker Seiteneingang)
Tel. 216 30 38
Metro Aleksejewskaja
Artdirector Artur Nuridschanjan stylt Ihre Haare oder Sie als Gesamtkunstwerk, je nach Wunsch konservativ oder kreativ, für bis zu 250 US$. Seine Deutsch sprechende Assistentin Lara schneidet Kurzhaarfrisuren schon ab 30 €. Armenischer Mokka ist inklusive (s. S. 39).

Marky
(G 3) Uliza Pokrowka 17
Gebäude 1, Tel. 924 50 47
Metro Tschistye Prudy
Mo-So 11-21
Hier ist die junge Haute Couture der früheren Sowjetunion vertreten, von Alexander Armgold aus St.Petersburg über Wiktorija Gress aus Kiew bis zu den Litauern E. und V. Auch die Preise sind Spitze.

Rossijskij Ljon
(B 5-C 4) Uliza Arbat 20
Tel. 290 58 40, Metro Arbatskaja
Mo 11.30-19.30 Uhr
Kleines Fachgeschäft mit einfachen, aber hübschen Sarafanen (ärmellosen Kleidern), Blusen und Hemden aus russischem Leinen. Wichtigste Info auf dem russischen Label: Mit der Hand waschen.

Twortscheskaja Masterskaja Jefremowa
(M 3) Uliza Malaja Juschunskaja 3, Tel. 318 27 70
Metro Kaschirskaja
Wer die Zeit und das Geld hat, den kleidet Modemacher Sergej Jefremow maßgerecht, geschmackvoll und professionell ein, von der Pelzkapuze bis zu den Brandledersohlen (s. S. 37).

Spielzeug

Detskij Mir
(E 3) Teatralnyi projesd 5
Tel. 927 20 07
Metro Lubjanka
Mo-So 9-21 Uhr
Plastikspielzeug ist teuer in Moskau, aber es gibt robustes und sehr preiswertes Holzspielzeug, ein Schaukelpferd kostet im Detskij Mir, dem großen Kinderkaufhaus, 25 €, ein Satz Bausteine 3 €.

Ganz alt oder nur alt – darauf kommt es bei Souvenir-Ikonen an

Ausreisevisum für die Ikone

Die Ikone heißt „Christi Auferstehung“, sie kostet 6510 Rubel (210 €). Kaufen darf ich sie, aber darf ich sie mit nach Deutschland nehmen? „Um so eine Ikone auszuführen“, erklärt die Frau hinter dem Ladentisch, „brauchen Sie eine Genehmigung des Kultusministeriums.“ Ikonen, Samoware und Kunstgegenstände, die älter als 100 Jahre sind, dürfen nicht außer Landes gebracht werden. Also rufe ich im Ministerium an: „Do you speak English?“ – „Njet“, antwortet eine junge Männerstimme, „but what do you want?“ Der Beamte spricht durchaus passabel Englisch: „Sie brauchen eine Kopie Ihres Reisepasses, drei Fotos der Ikone, 10 mal 15 Zentimeter, keine Polaroids, kommen Sie nächsten Dienstag.“ „Ich fliege aber schon am Sonntag.“ Der Beamte überlegt. „Kommen Sie morgen um 12, aber pünktlich, damit wir bis 15 Uhr die Expertise fertig haben.“
Das Portal ist zwar ministeriell, aber auf dem Schild steht nicht „Kultur-“, sondern „Energieministerium“. Ich frage, bis ich das Kulturministerium finde, dritter Seiteneingang links. Ein strenge Dame begutachtet die Ikone, ein junger Mann nimmt Fotos und Passkopie im Empfang. Fehlende Russischkenntnisse schaden mir keineswegs. „Hier“, auch der Herr spricht Englisch, „eine Bescheinigung ist für Sie, eine für den Zoll.“ Er gibt mir zwei blaurosa Dokumente. Siegerurkunden, mit denen die Bürokratie jeden belohnt, der an ihren guten Willen glaubt.

Ministerium für Kultur (F 4) Kitajgorodskij projesd 7, Zimmer 103, Metro Kitaj-Gorod, Tel. 928 50 89, Termine vereinbaren!

In das prachtvoll gestaltete Sanduny-Bad kommt die Prominenz zum Schwitzen

Alles heiße Luft

Schwitzen im Dampfbad ist ein altes russisches Ritual

Auch in Moskau gibt es Orte, an denen die Körperkultur Triumphe feiert. Klassisch zurückhaltend in der *banja,* dem Schwitzbad, laut, öffentlich und auch etwas exhibitionistisch im Freibad. Die *banja* ist die gesündeste Leidenschaft der Russen, der intimste aller öffentlichen Orte Moskaus. Feuchtheiße Gemütlichkeit, die nach Birkenblättern riecht, Moskaus Gesichter sind nirgends friedlicher. In den öffentlichen *banjas* der Stadt gibt es getrennte Abteilungen für Männer und Frauen, außerdem Buffets mit einfachen Gerichten wie Borschtsch oder Krabben und Getränken. Badelatschen und Handtücher sind zu mieten, ebenso ein *parilschtschik*, ein Bademeister, der den Gast mit Zweigruten bearbeitet. Dringender Rat: anders als die unverbesserlichen Russen auf Bier und Wodka verzichten!
Sanduny ist die VIP-*banja* in Moskau mit marmornen Badesälen und haushohen Schwitzöfen. Ein streng hierarchischer Luxus mit „Erster Abteilung", „Zweiter Abteilung" und „Spitzenabteilung". Am besten schwitzt es sich in der „Ersten Abteilung", mit 500 Rubel (16 €) auch am billigsten. Wer länger als zwei Stunden bleibt, bei dem kassieren die *banschtschiki* zusätzlich ab. Zur Olympiade 1980 gebaut, galt das **Krasnopresnenskije Bani** in den Neunzigern als Lieblingsschwitzbad der Mafia, aber Schießereien gab es auch damals nur vor der Haustür. **Selesnjowskije** ist eine *banja* für die gehobene Mittelklasse. Postmodern der von Hand getriebene Windpropeller im Männerdampfbad, der die heiße Luft besser verteilen soll.
Den Freibädern gehört die Sommersaison. Dann funktionieren die Schönen der Stadt die Holztribünen der **Tschaika,** dem berühmtesten Bad Moskaus, zu Liege- und Laufstegen um. Doch hier planschen, paddeln und kraulen auch Rentner, Schulklassen und Leistungssportler. Es gibt ein 50- und ein 25-Meter-Becken, beide streng in Bahnen abgeteilt. Man schwimmt rechts, überholt links. Anders als im Straßenverkehr herrscht im Bad höfliche Disziplin. Zum wahren Erlebnis wird die Tschaika im Winter. Dampf wabert dann in der Frostluft über dem Wasser, schmelzende Schneeflocken taumeln hinein, am Beckenrand steht die pelzbemützte Trainerin des Wasserballetts und klopft mit einem Stück Metall den Rhythmus für die olympischen Nachwuchshoffnungen. Ärgerlich nur, dass eine Einzelkarte 180 Rubel (6 €) kostet, dass beim ersten Mal 150 Rubel (5 €) für ein Gesundheitsattest fällig sind und dass in der Umkleidekabine kaum jemand mehr als Russisch spricht, um zu erklären, wie man die Tür des Schrankfaches wieder aufkriegt. Also außer Schwimmbrille, Badesandalen und Badekappe einen russischen Begleiter mitnehmen. Eine preiswerte Alternative (50 Rubel, 1,60 €) ist das Schwimmstadion im Sportpark **Luschniki.** Oder die Schwimmhalle im **Olimpijskij Sportkomplex** am Prospekt Mira, wenn Sie unbedingt einmal Wasserskifahrer erleben wollen, die auf der Nebenbahn per Seilwinde auf Tempo gebracht werden.

Sanduny (E 2/3) Neglinnaja uliza 14, Gebäude 3-7, Tel. 925 46 31, Metro Kusnezkij Most, tgl. 8-22 Uhr, Mo Ruhetag in der Spitzenabteilung Frauen und der Zweiten Abteilung Männer, Di Ruhetag Erste Männerabteilung, Spitzenabteilung Männer und Erste Abteilung Frauen
Krasnopresnenskije Bani (A 2) Stoljarnyi pereulok 7, Mi-Mo 8-22, Di 14-22 Uhr, Tel. 255 53 06 (Männerbanja), Tel. 253 86 90 (Frauenbanja), Metro Krasnopresnenskaja, Eintritt 310 Rubel (10 €) mit Schwimmbad und Sauna
Selesnjowskije (M 2) Selesnjowskaja uliza 15, Tel. 978 94 30, Metro Nowoslobodskaja, Di-So 8-22 Uhr, Eintritt Di-Fr 210 Rubel (7 €), Sa-So 265 Rubel (8,50 €)
Tschaika (C 6) Turtschaninow pereulok 1/3, Tel. 241 87 02, Mo-Sa 7-22, So 7-20 Uhr, Metro Park Kultury (Ausg. Ostoschenka)
Luschniki (L 2) Luschnezkaja nabereschnaja, Tel. 201 15 60, Metro Sportiwnaja, Mo-Sa 8.30-17, So 8.30-16 Uhr
Olimpijskij Sportkomplex (E 1) Olimpijskij prospekt 16, Tel. 288 15 33, Mo-Fr 7-22 Uhr, Eintritt 100 Rubel (3 €)

Schlittschuhlaufen

Eislaufen ist eines der klassischen Wintervergnügen, dem Alt, aber vor allem Jung auf den Patriarchenteichen frönen, dem Tschistyje Prudy und sogar auf dem Roten Platz.

Gorkij-Park
(C/D 7) Uliza Krymskij Wal, Tel. 237 12 66, Metro Park Kultury
Die beliebteste Eislaufbahn Moskaus mit Verleih, Umkleide und Glühweinausschank. Abends Disco auf Kufen.

Stadion der Jungen Pioniere
(L 2) Leningradskij prospekt 32, Gebäude 4, Tel. 213 46 29
Metro Dinamo
Wer Platz und Ruhe sucht, ist hier richtig, findet auch einen Verleih und Umkleidekabinen.

Inlineskating

Im Sommer steigt Moskaus Jugend auf Inlineskater und Skateboards um. Wer selbst seine Skater mitgebracht hat, amüsiert sich am besten auf den Asphaltwegen im „Park des Sieges“ (Park Pobedy), an den Sperlingsbergen (Worobjowy Gory) oder im Botanischen Garten (Botanitscheskij Sad).

Park Pobedy
(L 2) Uliza Bratjew Fontschenko/Kutusowskij prospekt
Metro Kutusowskaja

Worobjowy Gory
(L 2/3) Uliza Kosygina
Metro Worobjowy Gory, Uniwersitet

Botanitscheskij Sad
(M 2) Botanitscheskaja uliza
Metro Botanitscheskij Sad

Billard

Die Moskauer spielen sowohl amerikanisches wie auch das raffiniertere russische Pool-Billard. Übrigens lochen auch die Moskauerinnen eifrig ein. An den Tischen des Hotels Orljonok etwa stehen harmlose junge Damen, doch sobald ein männlicher Gast um Geld spielen will, entpuppen sie sich als professionelle Könnerinnen.

Imperija
(B 3) Powarskaja uliza 33
Tel. 290 39 22
Metro Krasnopresnenskaja

Biljard na Poklonnoj
(L 2) Uliza Bratjew Fontschenko 11
Tel. 449 81 78
Metro Park Pobedy

MDM
(B 7) Komsomolskij prospekt 28, Tel. 245 84 81
Metro Frunsenskaja

Hotel Orljonok
(L 2) Uliza Kosygina 15
Großer Saal, Tel. 939 81 29
Metro Leninskij Prospekt, Worobjowy Gory

Bootsfahrten

Für die Moskowiter gehören Dampferfahrten auf der Moskwa zu den sommerlichen Vergnügungen. Viele schleppen ganze Flaschenbatterien und Picknickkörbe mit an Bord, freuen sich der besonderen Blickwinkel auf Brücken und Kirchen im Stadtzentrum und auf die Flusslandschaft. Die realen Abfahrtszeiten entsprechen oft nicht den angekündigten. Also Geduld mitbringen.

Stadt-Dampferfahrt
Kiewskaja nabereschnaja bis Proletarskaja nabereschnaja
(A 5) Metro Kiewskaja
Abfahrt stündlich
Ticket 70 Rubel (2,20 €), am Wochende 140 Rubel (4,40 €)
Eineinhalb Stunden schwimmendes Moskau, vorbei am Luschniki-Stadion, den Sperlings-Bergen, dem Gorkij-Park, der Erlöserkathedrale und am Kreml.

Moskauer Umland
(L 2) Retschnoj Woksal
Leningradskoje schosse 51
Tel. 457 45 78
Metro Retschnoj Woksal
Ticket ca. 70 Rubel (2 €) für eine einfache Fahrt. Letzter Dampfer zurück um 20 Uhr.
Mit dem Dampfer (2 Stunden) oder dem Tragflächenboot (30 Minuten) den Moskwa-Kanal hinauf bis zur Buchta Radosti, der „Bucht der Freuden“, auf dem Stausee Pirogowo.

Reiseplanung

Hotels Ausführlicher Hotelführer für Moskau und St. Petersburg mit Link zur Online-Buchung. **www.hotels.msk.ru/**

Währungsrechner Wie steht der Rubel zum Euro? Der Währungsrechner liefert die Antwort. **www.waehrungsrechner.de**

Kyrillisch Der Computer zeigt nur Fragezeichen statt russischer Texte? Diese Website in deutscher Sprache schafft Abhilfe. **www.russisch.com/pc.php**

Wetter Die aktuelle Vorhersage bis zu zwei Tagen im Voraus. **www.wetteronline.de/Russland/Moskau.htm**

Einreise Hilfreiche Tipps zu Einreise- und Visabestimmungen sowie weiterführende Links. **www.verreisen.de/st_europa/russland_info_einreise.html**

Verkehr

Anreise Nach Russland mit dem Auto, per Bahn oder Flugzeug? Diese Website hilft mit Tipps und weiterführenden Links. **www.nachrussland.de/**

Metro Englischsprachige Site zum Moskauer Metronetz und seiner Geschichte. **www.metropla.net/eu/mos/moskva.htm**

Eisenbahn Das Webportal der englischsprachigen *Moscow Times* mit Hinweisen zum Ticketkauf und weiterführenden Links zum Thema Reisen in Russland. **www.themoscowtimes.com/travel/arriving/trains.html**

Auto und Flugzeug Informationen und aktuelle Meldungen zum Verkehr: Metrolinien, Taxi, Autovermietungen, russische und internationale Fluglinien. **www.rufo-service.de/transport/default2.php3**

Zoll Die deutsche Botschaft in Moskau liefert Wissenswertes zur Einreise per Flugzeug, Zollkontrollen und Taxifahrten in die Stadt. Hilfreiche weiterführende Links. **www.deutschebotschaft-moskau.ru/de/informationen/leben_arbeiten/flughafen.html**

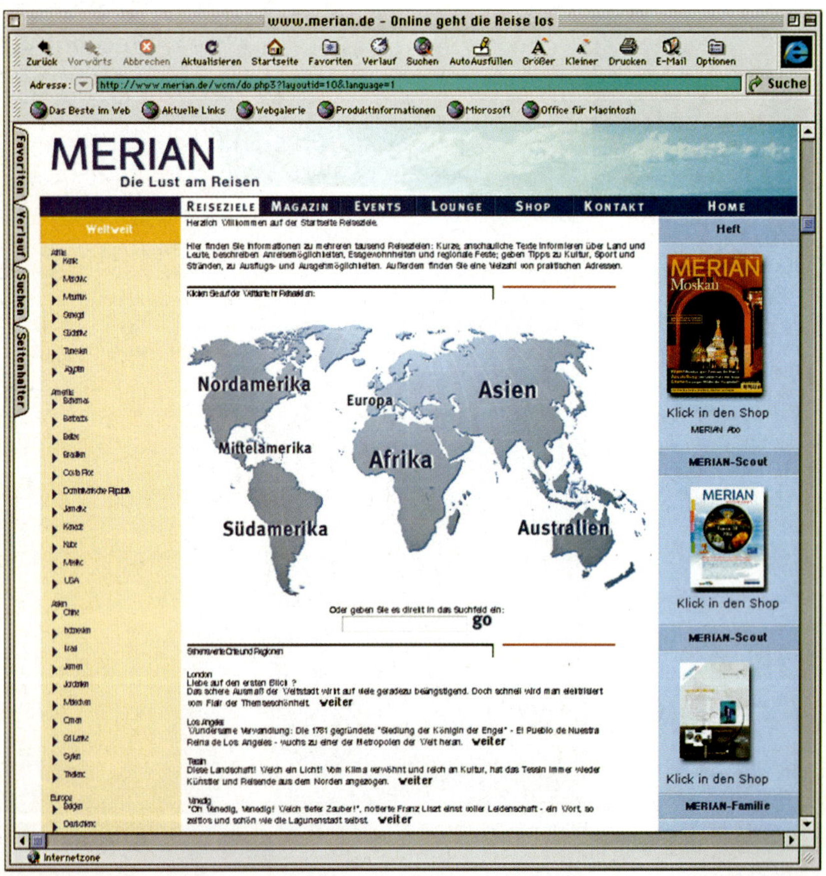

Informationen zu 5000 weiteren Reisezielen unter www.merian.de

Info-Portale

Russland.ru Aktuelle Meldungen der Deutsch-russischen Nachrichtenagentur in Moskau. Außerdem Notfall-Adressen, Restaurantführer und viele Freizeittipps. **www.russland.ru**

Moskau Online Sehr umfassendes deutschsprachiges Webportal mit Infos rund um die Hauptstadt: Kultur, Sport, Nachtleben, Unterkunft, Transport u.v.m. **www.moskauonline.de/**

Moscow Guide Englischsprachiger Führer durch Moskau mit vielen Tipps, unter anderem einem Restaurantführer, einer virtuellen Kreml-Tour und einer Metroplan-Graphik. **www.moscow-guide.ru**

Moskauer Deutsche Zeitung Internetausgabe der deutschsprachigen Moskauer Wochenzeitung. Aktuelle Informationen aus Russland und der Hauptstadt. **www.mdz-moskau.de/**

Moskau Net Schlicht, aber nützlich: Englischsprachige Site mit Adressen vom Waschsalon über medizinische Versorgung bis zum Simultanübersetzer. **http://is.demos.su/cb-bin/inform/main.scr**

Virtuelle Ausflüge

Bolschoi Web-Auftritt des Bolschoi-Theaters mit Spielplan, Historie, Online-Buchung und ausführlichen Beschreibungen des Programms. Außerdem Opern-Aufführungen zum Herunterladen. **www.bolshoi.ru/**

Kreml Virtuelle Tour durch den Kreml mit ausführlichen englischsprachigen Beschreibungen. **www.moscowkremlin.ru/IE3/english/**

Fabergé-Eier Bilder und Beschreibungen der berühmten Ostereier, die der Juwelier Carl Fabergé im Auftrag des Zaren Alexander III. schuf. **www.faberge.de/**

Fotogalerie Per Mausklick durch das nächtliche Moskau **www.photoweb.ru/prophoto/Gallery/moscow_e.h**

Wodka Die Site widmet sich ausführlich dem russischen Nationalgetränk: Infos zur Geschichte des Wodka, zur Herstellung sowie viele Cocktailrezepte **www.wodka. de.tt/, altavia/index.html**

▶Sämtliche Links direkt zum Anklicken unter **www.merian.de/magazin**

Wichtige Wörter auf Deutsch und Russisch

Ausgang	ВЫХОД	wýchod
Bahnhof	ВОКЗАЛ	woksál
Bier	ПИВО	píwo
Bitte	ПОЖАЛУЙСТА	poshálsta
Brot	ХЛЕБ	chleb
Danke	СПАСИБО	spassíbo
Eingang	ВХОД	wchod
geöffnet	ОТКРЫТО	otkrýto
Geschäft	МАГАЗИН	magasín
geschlossen	ЗАКРЫТО	sakrýto
gut	ХОРОШО	choroschó
Guten Abend	ДОБРЫЙВЕЧЕР	dóbrýj wétscher
Guten Tag	ЗДРАВСТВУЙТЕ	sdráwstwujtje
Ja	ДА	da
Kaffee	КОФЕ	kófe
Markt	РЫНОК	rýnok
Nein	НЕТ	njét
Platz	ПЛОЩАДЬ	plóschtschadj
Restaurant	РЕСТОРАН	restorán
Salz	СОЛЬ	sól
schlecht	ПЛОХО	plócho
Straße	УЛИЦА	úliza
Toilette	ТУАЛЕТ	tualét
Tee	ЧАЙ	tschai
wann	КОГДА	kogdá
Wasser	ВОДА	wodá
wo	ГДЕ	gdje
Zucker	САХАР	ßáchar

Eine Reihe von Moskauer-U-Bahn-Stationen sind architektonische Meisterwerke, etwa die Haltestelle Arbatskaja. Offizielle, meist gelbe Taxis sind durch einen kleinen Streifen mit Schachbrettmuster erkennbar. Bei freien Taxis brennt ein grünes Licht hinter der Windschutzscheibe. Der Preis ist Verhandlungssache, Ausländer werden oft übervorteilt und zur Bezahlung in Dollar genötigt. Wer Taxis stoppt, muss damit rechnen, dass auch Privatwagen anhalten und auf ein schnelles Geschäft hoffen – eine nicht immer sichere Sache.

Verhaltenstipps
Moskauerinnen nur zum Drink oder Abendessen einladen, wenn man auch bereit ist für sie zu zahlen. Wenn umgekehrt ein Moskauer eine Ausländerin einlädt, sollte die beim Bestellen Vorsicht walten lassen, denn für die Männer ist Zahlen Ehrensache, aber die Rechnung für ein Abendessen oft höher als ihr Monatsgehalt. Keine großen Bargeldsummen mitnehmen, es gibt genügend Geldautomaten.

Akut
Moskau ist dynamisch, wenn nicht chaotisch. Neue Clubs, Restaurants und Geschäfte machen in Windeseile auf, andere schließen, DJs, Öffnungszeiten oder Preisschilder wechseln oft wöchentlich, die Preise entwickeln sich seit dem Rubelsturz 1998 im Monatsrhythmus.

Feste und Veranstaltungen

31. Dezember bis 13. Januar
Erst Neujahr, dann russische Weihnachten, dann Neujahr nach dem alten julianischen Kalender – die feuchtfröhlichste Jahreszeit in Russland.

März
Die „Butterwoche" folgt der katholischen Fasnacht in der Regel mit einem Monat Verspätung, der Winter wird mit heißen Pfannkuchen, brennenden Strohpuppen und Massenraufereien verabschiedet.

8. März
Der internationale Frauentag wird wie zu Sowjetzeiten ausgiebig gefeiert.

April-Mai
Das russische Osterfest ist der liturgische Höhepunkt des orthodoxen Kirchenjahres.

Anfang Mai
Der 1. Mai ist Tag der Arbeit, der 9. Mai Tag des Sieges – Anlass für ganz Moskau, sich eineinhalb Wochen lang zu vergnügen.

Erster September-Sonntag
Stadtfest zum Moskauer Geburtstag mit vielen Veranstaltungen.

7./8. November
Statt der Oktoberrevolution feiert man jetzt den „Tag der Versöhnung und Eintracht". An beiden Tagen gibt es beste Chancen, sowjetnostalgische Demonstrationszüge mit roten Fahnen zu beobachten.

Info

Die englischsprachige und gleichzeitig informativste Tageszeitung *Moscow Times* (www.themoscowtimes.com) liegt in Hotels und Restaurants aus, ebenso das witzig-alberne Szenewochenblatt *Exile* (www.exile.ru), das Wochenendfaltblatt *Life Style* (www.lifestyle.ru) und die monatlich erscheinende, manchmal aber etwas biedere *Moskauer Deutsche Zeitung* (www.mdz-moskau.de). Alle bieten zahlreiche aktuelle Kultur- und Ausgehtipps.

Zum Lesen

Roman Berger, Russland hinter den Schlagzeilen, TA-Media AG-Werd-Verlag, 2001, 26 €
Hintergrundwissen zur russischen Gesellschaft von der Zarenzeit bis zur Gegenwart. Gut gegliedert nach Themenkomplexen u.a. zum politischen Systemwechsel, zur Rolle der orthodoxen Kirche und dem neuen Demokratieverständnis.

Ryan Ver Berkmoes, Moscow, Lonely Planet, 2000, 19,80 €
Ausführlicher Stadtführer mit Sonderkapitel zum Kreml, besonders für Individualreisende.

Michail Bulgakow, Der Meister und Margarita, dtv, 1978, 10 €
Wie der Teufel als Ausländer verkleidet nach Moskau kommt, um die Eitlen, die Heuchlerischen und die Karrieristen zu strafen.

Viktor Jerofejew, Die Moskauer Schönheit, Fischer TB-Verlag, nur noch antiquarisch
Spöttisch-erotische Erzählung über die Boheme der späten Sowjetzeit.

Barbara Löwe, KulturSchock Russland, Reise Know-How, P. Rump-Verlag, 2002, 14,90 €
„Do's and Dont's" für das Benehmen in Russland, gut erklärt, mit historischem Abriss.

Sonia Mikich, Planet Moskau, dtv, 2000, 9,97 €
Die ehemalige Moskau-Korrespondentin beschreibt ihre Erfahrungen: Alltagsepisoden und Charakterstudien ebenso wie die Auswirkungen politischer Umwälzungen.

Viktor Pelewin, Generation P, Ullstein, 2002, 8,95 €
Kultroman der Nachwendezeit über das Seelenleben der Moskauer Yuppies. Ein verkappter Dichter macht Karriere als Werbetexter und entdeckt, wer das Land wirklich regiert.

Claudia Siebert, Moskau ist anders. Über Stöpsel, Brotkanten und das Leben an sich, Claassen, 1994, nur noch antiquarisch
Privater Erfahrungsbericht einer Deutschen in Moskau.

Vis à vis Moskau, Dorling Kindersley, 1999, 20,90 €
Reiseführer mit zahlreichen Fotos und Illustrationen, in einzelne Viertel und Stadtspaziergänge gegliedert.

Kontakt

Karten aus den MERIAN-Heften sind unter Telefon (089) 450 00 72 72 oder unter geomatics@ipublish.de zu bestellen.

Blühende Berge: Von Galilea an den Hängen des Puig Galatzó reicht der Blick bis zu den Malgrat-Inseln

Logieren mit Stil: Finca Son Bleda bei Sóller

Perfekte Radlerlandschaft: Auf Tour durch den Nordosten Mallorcas

Das neue Mallorca

Aus dem Inhalt dieses Heftes:

- Palma: Der Aufstieg zum Weltstädtchen
- Die Königsdisziplin: Radtour durch die Tramuntana
- Schöner träumen: Die feinsten Fincas
- Freitags schwänzen: Ein langes Insel-Wochenende
- Camper: Vom Bauernschuh zum Trend-Treter
- Voller Köstlichkeiten: Palmas In-Viertel Santa Catalina

Freuen Sie sich auf die nächsten MERIAN-Ausgaben: Mecklenburg-Vorpommern, Umbrien/Marken, Kroatien

Zuletzt erschienen:

Dezember 2002

November 2002

Oktober 2002

September 2002

August 2002

Juli 2002